Richard Lepsius

Die altägyptische Elle und ihre Einteilung

Richard Lepsius

Die altägyptische Elle und ihre Einteilung

ISBN/EAN: 9783743482500

Hergestellt in Europa, USA, Kanada, Australien, Japan

Cover: Foto ©ninafisch / pixelio.de

Manufactured and distributed by brebook publishing software (www.brebook.com)

Richard Lepsius

Die altägyptische Elle und ihre Einteilung

DIE
ALT-AEGYPTISCHE ELLE
UND

IHRE EINTHEILUNG.

VON

R. LEPSIUS.

AUS DEN ABHANDLUNGEN DER KÖNIGL. AKADEMIE DER WISSENSCHAFTEN
ZU BERLIN 1865.

MIT VIER TAFELN

BERLIN.
GEDRUCKT IN DER DRUCKEREI DER KÖNIGLICHEN AKADEMIE
DER WISSENSCHAFTEN.
1865.

IN COMMISSION BEI F. DÜMMLER'S VERLAGS-BUCHHANDLUNG
HARRWITZ UND GOSSMANN.

Gelesen in der Akademie der Wissenschaften am 9. Februar 1865. Die Seitenzahl bezeichnet die laufende Pagina des Jahrgangs 1865 in den Abhandlungen der philosophisch-historischen Klasse der Königl. Akademie der Wissenschaften.

Die metrologischen Schriften der Alten und alle ihre einzelnen Angaben von Maſsen haben es begreiflicher Weise nur mit dem Verhältniſs der verschiedenen Maſse unter einander oder mit ihrer Anwendung auf zu messende Gegenstände zu thun. Die Bestimmung der absoluten Gröſse der alten Maſse, welche die Reducirung der alten auf moderne Maſse ermöglichen würde, konnte nicht ein für allemal überliefert werden, weil die ganze Natur kein festes Grundmaſs darbietet, auf das man sich hätte beziehen können. Vielmehr sind alle mathematisch genauen Maſse nothwendig conventionell. Die Wiederauffindung der alten Maſse ist daher nur möglich durch Nachmessen von noch erhaltenen Monumenten oder von Entfernungen, deren Maſse uns überliefert sind, oder aber durch Auffindung der Meſsinstrumente selbst.

Das Nachmessen der von den Alten gemessenen und in Zahlen überlieferten Längen, wie von Rennbahnen, von Mauern, Gebäuden, Wegen, hat die Gelehrten viel beschäftigt, und hat doch schlieſslich sehr wenige zuverlässige Resultate ergeben. Der Grund liegt hauptsächlich in dem geringen Interesse, welches die Alten, mit Ausnahme der Mathematiker von Profession, überhaupt an genauen Zahlenangaben und an scharfer Auseinanderhaltung der verschiedenen Maſssysteme nahmen. Noch geringer ist das Ergebniſs anzuschlagen, welches durch Nachmessen von Gebäuden und Gegenständen aller Art erreicht worden ist, deren Maſse uns nicht überliefert sind, sondern von denen man nur annimmt, daſs sie in gröſseren oder kleineren runden Zahlen von Ellen oder Fuſs angelegt worden sein möchten. Bis in die neuesten metrologischen Untersuchungen hinein haben sich namentlich die Combinationen fortgesetzt, die sich an die groſsen Pyramiden von *Gizeh* anschlossen. Man ging hierbei von der Voraussetzung aus, daſs in den Riesendimensionen der gröfsten Pyramide des *Cheops* die ägyptische Elle mit runden Zahlen aufgeben mufste. Der um die Metrologie viel verdiente Jomard glaubte gefunden zu haben, dafs diese Pyramide „wie ihre „genaue Orientirung uns ihre astronomische Bestimmung lehre, so durch „ihre Dimensionen beweise, dafs es ein metrisches Monument sei, be-„stimmt, die Einheit der nationalen Mafse aufzubewahren." In der That ergab sich aus seinen genauen Messungen in Verbindung mit seinen metrischen Annahmen, dafs eine Elle von 0,4618 und ein Fufs von 0,3079, welches zugleich die gewöhnlichen griechischen Mafse sind, den Dimensionen der gröfsten Pyramide zum Grunde liege, dafs hiernach die Seite der Basis genau 500 Ellen, 50 grofse ägyptische *calami*, 5 Seiten der Arure, und aufserdem genau 60 moderne Kairiner Mefsruthen *qasab*, deren 20 quadratisch auf das heutige *feddân* gehen, und 400 heutige Landes-Ellen (*pik belladi*) betrug, dafs die schiefe Höhe oder das Apothem der Pyramide 400 Ellen, 100 Orgyien, 6 Plethren, 4 Aruren, genau 1 Stadium, betrug, und dafs endlich dasselbe Apothem gerade 600mal in dem Erdgrade altägyptischer Messung aufging. Man ist von diesem Systeme grofsentheils zurückgekommen. Doch schliefst auch Böckh([1]), der Meister unter den Metrologen, — da „unstreitig die Länge der Pyramide auf ein rundes Mafs bestimmt gewesen sei" —, aus der Annahme von 500 Ellen für die Seite der Pyramide auf eine zum Grunde liegende Elle von 0,4618, und findet in dieser Elle auch die kleinen Dimensionen der Sockelhöhe und der Dicke der Bekleidung aufgebend. Auch mit einer Anzahl andrer Messungsresultate von Jomard ist Böckh einverstanden (p. 234 ff.), und eben darauf bezieht sich wieder in seinem neuesten verdienstvollen Werke Hultsch([2]), um den Gebrauch einer altägyptischen Bauelle von 462 bis 463 Millimetern zu constatiren.

Was die gröfste Pyramide des *Cheops* hauptsächlich der besondern Beachtung in Bezug auf ihre Mafse empfahl, war ohne Zweifel eben die aufserordentliche Gröfse selbst. Ein Baumeister, der das Projekt eines Baues von so gewaltigen Dimensionen auf einer freien Fläche zu entwerfen gehabt hätte, würde allerdings wohl auch abgerundete Ellenzahlen dabei angewendet haben. Nun wissen wir aber jetzt mit gröfster Sicherheit,

---

([1]) Metrologische Unters. p. 237.
([2]) Griech. und Röm. Metrologie. Berlin 1862. p. 290.

dafs diese auffallenden Dimensionen ursprünglich gar nicht beabsichtigt waren, dafs sie lediglich von der zufälligen Dauer der Regierungszeit des Königs und vielen anderen Zufälligkeiten abhingen, die im Laufe einer sechzigjährigen allmähligen Bauerweiterung eintreten mufsten. Wir wissen (¹), dafs ein König sein pyramidales Grabmonument zu bauen begann, wenn er auf den Thron stieg, dafs er mit einem mäfsigen über der in den Fels gehauenen eigentlichen Grabkammer errichteten Kerne, in Stufen von 36-40 Fufs Höhe abgetheilt, begann, und diesen Kern allmäblig durch immer neu umgelegte Stufenmäntel in allen Richtungen erweiterte, bis die Stufen eines letzten Mantels ausgefüllt und mit einer glatten Bekleidung bedeckt wurden, deren Vollendung nicht selten der Pietät des Nachfolgers überlassen bleiben mufste. Die Höhe der Stufen und die Stärke der Mäntel sind begreiflicherweise keineswegs, selbst bei ein und derselben Pyramide, ganz gleich, und es ist klar, dafs die Abrundung der Zahlen in den letzten Dimensionen, wie man sie bei der gröfsten Pyramide gefunden zu haben glaubt, gar kein oder ein ganz untergeordnetes Moment für den Baumeister oder Bauherrn bilden konnte. Hätte sich aber etwa ein superstitiöses oder irgend ein anderes Interesse an gewisse runde Zahlengröfsen geknüpft, so hätte dies natürlich bei allen andern Pyramiden genau ebenso sorgfältig beobachtet werden müssen, wie bei der gröfsten Pyramide, die bei ihrer gleichen Entstehungsart in keiner Weise eine Ausnahmestellung einnahm. Nun braucht man aber nur eine Reihe anderer Pyramiden, deren Grundseiten nachgemessen werden konnten, zu vergleichen, um zu sehen, dafs unmöglich alle diese verschiedenen Mafse, wenn man auch der Ungenauigkeit der Nachmessungen viel Spielraum gewährt, auf bestimmte runde Zahlenverhältnisse zurückgeführt werden können. Eine Zusammenstellung der aus den Messungen von Perring hervorgehenden Mafse in Englischen Fufs findet sich in Bunsen's Werke über Aegypten (²). Hiernach wurden gefunden für die Grundseiten von seiner

Pyr. 1 (gröfste von *Gizeh*)   Engl. Fufs 746,0
    29 (gröfste von *Dahschur*)   „   „ 700,0
     6 (zweite von *Gizeh*)   „   „ 690,75
    30 (zweite von *Dahschur*)   „   „ 615,0

(¹) S. meine Abhandlung: Über den Bau der Pyramiden.
(²) Aegypt. Stellung in der Weltgesch. II, p. 369.

Pyr. 36 (Pyr. von *Illahun*)   Engl. Fuſs 560,0
35 (Pyr. von *Meidum*)   „ „ 530,0
34 (Südl. Pyr. von *Lischt*)   „ „ 450,0
33 (Nördl. Pyr. von *Lischt*)   „ „ 360,0
7 (Dritte Pyr. von *Gizeh*)   „ „ 352,878

und für die übrigen in absteigender Reihenfolge: 350, 325, 320, 300, 270, 250, 245, 240, 220, 216, 213, 210, 150, 140, 138, 125, 123, 120, 102, 59, 54 Engl. Fuſs. Wenn man alle 67 Pyramiden, die wir noch jetzt nachweisen können, oder gar die ehemals vorhandenen alle nachmessen könnten, würde die Mannigfaltigkeit der Maſse noch weit gröſser sein. Jomard hat aber nicht einmal vermocht bei den beiden andern groſsen Pyramiden von *Gizeh* dieselbe Elle in runden Zahlen nachzuweisen, und die geringen Intervalle der obigen Reihe lehren, daſs überhaupt jegliches Bestreben aus den Maſsen der Pyramiden auf die zum Grunde liegende Elle zu schlieſsen vergeblich sein muſs. Dasselbe ist von allen übrigen Gebäudemessungen zu sagen. Es ist ganz natürlich, daſs unter den Tausenden von meſsbaren Linien an alten Gebäuden sich immer eine Anzahl finden müssen, in deren Länge sich runde Zahlen irgend eines beliebigen Ellen- oder Fuſsmaſses wiederfinden lassen, und wenn man bedenkt, wie leicht sich bei jeder Messung von Gebäudedimensionen kleine Verschiedenheiten der Annahmen zur Auswahl darbieten, je nachdem man z. B. bei einem Tempel die unterste oder die oberste Stufe der Vortreppe, die Entfernung der Basen oder Schafte der Ecksäulen, die Länge des Giebels oder des Architravs in Betracht ziehen will, oder bei einer Thür, ob man ihre Weite im Lichten oder mit dem Anschlag oder mit den Pfosten messen will, so begreift es sich, daſs es nicht schwer fallen kann, jedes gewünschte Resultat zu finden. In der Architektur, wo jedes einzelne Maſs zehn andere bedingt, kann überhaupt keine Rücksicht auf runde Zahlen genommen werden und die Nachmessungen heutiger Gebäude würden ebensowenig einen Rückschluſs auf die Landes-Elle erlauben. Und doch ist heutzutage in allen technischen Verhältnissen eine ungleich gröſsere mathematische Genauigkeit vorhanden als im Alterthume. In Aegypten, dem Geburtslande und der mehrtausendjährigen Heimath der Architektur vor allen andern Ländern, haben doch die Nachmessungen der prächtigsten Gebäude aus der Blüthezeit des Reichs erwiesen, daſs selten die eine Seite eines Baus der entsprechenden andern ganz gleich ist, dafs in stattlichen Kolonnaden jedes Intervall zwischen den Säulen etwas verschieden ist, dafs man keinen schiefen Winkel in Höfen und Gemächern scheute und in Bezug auf feinere Mafse sich fast Alles dem unmittelbaren Bedürfnifs oder der Willkühr der ausführenden Hände unterzuordnen scheint.

Am natürlichsten dürften sich noch die Dimensionen einzelner Zimmer, z. B. der Grabkammern in den Pyramiden, für die Voraussetzung einer runden oder doch ganzen Anzahl von Ellen darbieten, und es kann nicht zweifelhaft sein, dafs diese Annahme für viele Fälle richtig ist. Das wahre Verhältnifs wird sich aber herausstellen, wenn wir die Dimensionen der gemessenen Grabkammern in dieser Beziehung zusammenstellen und auf das von vorn herein wahrscheinlichste Ellenmafs von 0,525 m reduciren. Perring hat über 20 Räume in den 9 Pyramiden von *Gizeh* gemessen (1). Davon scheiden wir diejenigen aus, deren gegenüberstehende Seiten nicht völlig parallel stehen. Die Mafse sind in Englischen Fufs angegeben, die wir zu 0,3048012 m berechnen (2). Die ägyptische Elle von 0,525 m beträgt hiernach 1 Engl. Fufs $8\frac{2}{3}$ Zoll. Die Liste ergiebt dann folgende Zahlen:

Pyram.	Dimens. der Räume in Engl. Fufs v. O. n. W. : v. N. n. S.	zunächst liegende volle ägypt. Ellen zu 0,m525.	diese vollen Ellen auf Engl. Fufs und Zoll reducirt.	ergiebt auf die Elle, in Engl. Zoll, zuviel (+) od. zuwenig (−).
I.	*46.0 : 27.1	27 : 16	46.6 : $27.6\frac{2}{3}$	$-\frac{1}{9}$: $-\frac{1}{8}$
	*34.3 : *17.1	20 : 10	34.5 : $17.2\frac{1}{2}$	$-\frac{1}{10}$: $+\frac{1}{7}$
	*18.9 : *17.0	11 : 10	$18.11\frac{1}{6}$: $17.2\frac{1}{3}$	$-\frac{1}{5}$: $-\frac{1}{7}$
II.	*46.2 : 16.2	27 : 9	46.6 : 15.6	$-\frac{1}{7}$: $+\frac{2}{9}$
	*34.1 : 10.2	20 : 6	34.5 : 10.4	$-\frac{1}{5}$: $-\frac{1}{3}$
III.	*10.5 : *12.0	6 : 7	10.4 : $12.0\frac{2}{3}$	$+\frac{1}{6}$: $-\frac{1}{10}$
	*46.3 : 12.7	27 : 7	46.6 : $12.0\frac{2}{3}$	$-\frac{1}{9}$: +1
	* 8.7 : 21.8	5 : 13	$8.7\frac{1}{3}$: $22.2\frac{2}{3}$	$-\frac{1}{5}$: $-\frac{1}{3}$
	6.3 : 17.6	4 : 10	$5.10\frac{2}{3}$: $17.2\frac{1}{3}$	$+1\frac{1}{12}$: $+\frac{1}{3}$
IV.	*13.9 : *10.3	8 : 6	$13.9\frac{1}{3}$: 10.4	$-\frac{1}{14}$: $-\frac{1}{6}$
	8.9 : *19.2	5 : 11	$8.7\frac{1}{3}$: $18.11\frac{1}{6}$	$+\frac{1}{3}$: $+\frac{1}{4}$
VI.	* 8.7 : *13.8	5 : 8	$8.7\frac{1}{3}$: $13.9\frac{1}{3}$	$-\frac{1}{15}$: $-\frac{1}{6}$
	11.4 : *26.0	7 : 15	$12.0\frac{2}{3}$: 25.10	$+\frac{1}{3}$: $+\frac{1}{7}$

(1) *Operations carried on in the Pyramids of Gizeh in* 1837. vol. II, p. 109-129.
(2) S. Hultsch, Metrol. p. 20.

Pyram.	Dimens. der Räume in Engl. Fuſs v. O. n. W.	v. N. n. S.	zunächst liegende volle ägypt. Ellen zu $0,^{m}525$.		diese vollen Ellen auf Engl. Fuſs und Zoll reducirt.		ergiebt auf die Elle, in Engl. Zoll, zuviel (+) od. zuwenig (−).	
VII.	5.10 :	*13.10	3 :	8	5.2	: $13.9\frac{1}{3}$	$+2\frac{2}{3}$:	$-\frac{1}{12}$
	11.8 :	9.9	7 :	6	$12.0\frac{2}{3}$	: 10.4	$-\frac{2}{3}$:	$-1\frac{1}{6}$
VIII.	12.9 :	*10.3	7 :	6	$12.0\frac{2}{3}$	: 10.4	$-1\frac{1}{7}$:	$-\frac{1}{6}$
IX.	* 8.8 :	11.1	5 :	6	$8.7\frac{1}{3}$	: 10.4	$+\frac{1}{7}$:	$+1\frac{1}{4}$
	12.3 :	9.6	7 :	6	$12.0\frac{2}{3}$	: 10.4	$+\frac{1}{3}$:	$-1\frac{2}{3}$

Wenn wir nun auf jede Elle von 1 Fuſs $8\frac{2}{3}$ Zoll $\frac{1}{4}$ Zoll Ungenauigkeit nicht in Anschlag bringen, und das scheint bei architektonischen Messungen nicht zu wenig zu sein, so würden sich doch unter 36 Dimensionen nur die mit Sternchen versehenen 20 als ganzen Ellenzahlen wirklich entsprechend finden, also wenig über die Hälfte. Vorausgesetzt nun, daſs wir das richtige Ellenmaſs zum Grunde gelegt haben, so lehrt doch die Übersicht, daſs von runden Zahlen mit einigen Ausnahmen hier nicht die Rede sein kann, und wie zufällig es ist, ob man im Einzelnen gerade auf eine Dimension stöſst, die sich einigermaſsen mit ganzen Ellen in Einklang setzen läſst. Vorausgesetzt aber, daſs wir nicht die richtige Elle zum Grunde gelegt haben, so muſs noch viel mehr jede Hoffnung auf irgend ein richtiges Ergebniſs aus solchen Messungen schwinden, weil jedes andre unrichtige Ellemaſs ebenso zufällig wie dieses die Majorität von Dimensionen, in denen es ohne Bruch aufgeht, für sich gewinnen könnte.

Unter den Maſsen, die für eine Elle von c. 461 oder 462 Millimetern angeführt worden sind (¹), ist auch das des Sarkophags in der gröſsten Pyramide und man könnte behaupten wollen, daſs die Messungen, die bei ganzen Pyramidenseiten, und bei Zimmerdimensionen im Stiche lassen, gerade bei kleineren Gegenständen zu einem genaueren Resultate führen müſsten. Dieser Sarkophag wird zu $2,^{m}301$ angegeben, = 5 Ellen von 460.5 Millimetern. Vergleichen wir aber die Dimensionen der übrigen Königssarkophage, die sich in den 5 ersten Pyramiden von *Gizeh* fanden und von Perring gemessen wurden, so stellt sich folgende Übersicht heraus. Es beträgt in Englischem Maſse der Sarkophag

(¹) Böckh, Metrol. p. 235.

	an Länge	an Breite	an Höhe
in Pyram. I.	7.6½	3.3	3.5
„ II.	8.7	3.6½	3.0
„ III.	8.0	3.1	2.11
„ IV.	6.8	2.7	2.7
„ V.	8.0½	3.3	3.1½

Die Gröfse der Sarkophage hielt sich demnach zwar innerhalb gewisser Grenzen, schwankt aber doch in der Länge um fast 2 Engl. Fufs unter so wenigen Exemplaren. Offenbar benutzte man einen im Allgemeinen für passend gehaltenen Steinblock für den Sarkophag, so weit es eben anging, ohne sich um einige Zoll mehr oder weniger zu bekümmern. Indessen gab es doch gerade in diesem Falle ein Maximum für die kleinste der 3 Sarkophagdimensionen, wie man aus folgendem ersehen kann. Wenn man die langen Verzeichnisse der Mafse durchgeht, welche Perring von den 5 ersten Pyramiden von *Gizeh* und von den beiden gröfsten Pyramiden von *Dahschur* gesammelt hat, so sieht man auch in den gleichartigen Theilen der innern Gänge und Kammern die gröfste Mannigfaltigkeit von Zahlen. Nur éine Zahl kehrt aufser allem Verhältnifs häufig wieder, nämlich 3 Fufs 5½ Zoll für die Breite der Gänge. Die Höhe derselben ist schon weit weniger constant, die Länge natürlich ganz verschieden. Die Dimensionen der Breite und Höhe sind im Auszuge folgende, wobei es nicht wesentlich ist, die Gänge selbst näher zu bezeichnen; doch gehören alle geneigten Eingangsschachte dazu:

	Breite	Höhe		Breite	Höhe
Pyram. I.	3.5½	3.11	Pyram. III.	3.5½	3.11½
	3.5½	3.11		3.5½	5.10
	3.5½	—		3.5½	4.7
	3.5½	3.8		3.5½	3.11½
	3.5½	3.10	Pyram. IV.	3.3	3.6
Pyram. II.	3.5½	3.11		3.0	3.6
	3.5½	5.10	Pyram. V.	3.5½	3.11½
	3.5½	5.10		3.5½	4.1
	3.5½	3.11	Dahschur I.	3.5½	4.5½
	3.5½	5.11	Dahschur II.	3.5½	3.5½
	3.5½	3.11		3.4	3.4

Durch diese bald in einem bequemen und sehr constanten Neigungswinkel absteigenden bald horizontalen Gänge wurde der steinerne Sarkophag in die Pyramide gebracht. In der Regel mußte daher die Breite des Sarkophags geringer als die der Gänge sein. In der That ist die Breite der fünf gemessenen Sarkophage geringer als 3.5½, ausgenommen den der zweiten Pyramide, dessen Breite zu 3.6½ angegeben wird. Wenn diese Angabe richtig ist, so mußte der Sarkophag in diesem Falle auf die Seite gelegt werden, denn seine Höhe beträgt nur 3.0. Die 19fache Wiederkehr der Zahl 3.5½ ist aber in einer Reihe von Pyramiden, deren Erbauung doch wenigstens an 150 Jahre auseinanderliegt, so auffallend, daß, wenn irgend wo, die Vermuthung gerechtfertigt erscheinen kann, daß diese hergebrachte und feststehende Dimension eine einfache Zahl von Ellen enthält. In Meter ausgedrückt sind 3.5½ Engl. = 1,044. In dieser Zahl gehen weder ganze noch halbe Ellen von 0,462 auf. Dagegen sind zwei Ellen von 0,525 = 1,050, also nur 6 Centimeter mehr als die obige Summe, 3 Centimeter zu viel auf die einzelne Elle, wobei noch in Anschlag zu bringen ist, daß alle Maße von Perring nur bis zu einem halben Engl. Zoll genau sind. Der sehr geringe Unterschied von c. ½ Zoll kann daher sehr wohl in der Englischen Messung liegen, und nöthigt nicht, von dem Ansatze 0,525 abzugeben, den man für die königliche ägyptische Elle jetzt conventionell gegen andre Bestimmungen, die zwischen 0,523 und 0,527 schwanken, festzuhalten pflegt. Diese Zahl von 1,044 bildet aber, wie schon gesagt, eine nicht zu verkennende zufällige Ausnahme und läßt keine Schlüsse auf andre Messungen zu; und selbst in diesem Falle würde es nicht Wunder nehmen dürfen, wenn wir etwa 2½ Ellen statt 2 als Breitenmaß der Gänge gefunden hätten. Der Grund der constanten Breite der Gänge lag wahrscheinlich in einem Kompromiß zwischen dem Wunsche möglichst große Sarkophage in die Pyramiden einzuführen und der statischen Nöthigung die Gänge so schmal wie möglich zu bauen, um das ungeheure Gewicht tragen zu können, welches im Innern der Pyramide auf ihrer Decke lastete. Die Höhe der Seitenwände war dabei viel gleichgültiger; daher wir hier auch viel größere Abweichungen finden, die sich nicht auf runde Ellenzahlen reduciren lassen.

Um die Supposition einer ägyptischen Elle von 0,462 zu unterstützen, ist von Böckh (p. 239) auch noch auf einen Aufsatz von Jomard(¹) hingewiesen, in welchem dieser auf die Grundrisse von Monumenten, namentlich von Felsengräbern, mit beigeschriebenen hieroglyphischen Mafsen in einem Turiner Papyrus aufmerksam macht. Er glaubte die Ziffern 2, 5, 9, 10, 70, 100, 300, 1000 etc. zu erkennen, vor welchen öfters das Zeichen der Elle vorherging, und in den Zeichnungen die genauen Mafse wieder zu finden, die durch die Zahlen ausgedrückt waren, wenn er die Elle von 0,462 zum Grunde legte, und in der Darstellung des Papyrus die Proportion von $\frac{1}{500}$ der wahren Gröfse annahm. So fand er z. B. eine Linie, zu welcher nach seiner Annahme die Zahl 70 gehörte, genau $64\frac{1}{2}$ Millimeter grofs, wobei er zugleich daran erinnert, dafs das Verhältnifs von 1 zu 500 dasselbe sei, wie das der ägyptischen Elle von 0,462 zu der Basis der gröfsten Pyramide. So weit konnte sich die Phantasie eines verdienstvollen Metrologen verirren! Die in dem Papyrus gefundenen Figuren gehörten ohne Zweifel zu Kap. 149 und 150 des Todtenbuchs. Die Zahlen beziehen sich auf Berge, Riesenschlangen u. s., denen der Verstorbene im *Amenti* begegnet, und haben nichts mit den Grundrissen zu thun, auf welche sie Jomard bezog.

Es trifft sich zufällig, dafs in dem Turiner Museum allerdings ein Papyrus vorhanden ist, welcher die Aufzeichnung eines Königsgrabes im Grundrifs mit Angabe der Mafse in hieratischer Schrift enthält. Wir werden bei andrer Gelegenheit darauf zurückkommen. Dieser Grundrifs, der also die beabsichtigten Mafse enthält, lehrt aber von neuem, wie schwierig es sein müfste durch Nachmessen des ausgeführten Grabes die zum Grunde gelegte Elle aufzufinden. Ungefähr die Hälfte der angegebenen Zahlen sind nicht einmal ganze, noch weniger runde Ellenzahlen, — sondern gebrochene, d. h. aus Ellen und Palmen, zuweilen auch noch Fingern zusammengesetzte, und zu den letzteren gehören gerade die gröfsten Zahlen, z. B. ein Theil des Hauptganges 126 Ellen 2 Palm, ein anderer 34 Ellen 3 Palm, zusammen 160 Ellen 5 Palm. Allerdings ist der Sarkophagsaal zu 16 Ellen ins Geviert und der Raum vorher zu 9 : 8 Ellen angegeben; wie genau aber solche Mafse in Wirklichkeit ausgeführt wurden, steht dahin. Dennoch wäre es von grofsem Interesse, das Grab des Papyrus in *Bab el Meluk* wieder aufzufinden.

(¹) *Revue encyclopédique*, tome XVI. 1822, p. 432.
Abhandlungen der philos.-histor. Kl. 1865. Nr. 1.

Die Vergleichung der Mafse würde mehr als einen unsichern Punkt ins Klare stellen.

Ein anderes wesentliches Bedenken gegen die bisherigen Resultate der Messungen einzelner Monumente, liegt aber in den darnach aufgestellten ägyptischen Ellenmafsen selbst. Dafs die Aegypter eine grofse Elle von c. 0,525 hatten, ist von Allen anerkannt; der direkteste Beweis davon liegt in den aufgefundenen alten Mafsstäben selbst, so wie in dem aus Ptolemäischer Zeit stammenden Nilmesser von Elephantine. Bereits Newton(¹) hatte aus den Mafsen der Königskammer in der gröfsten Pyramide, ehe noch die genannten Ellenmafse bekannt waren, auf eine Elle von 0,524144 geschlossen, indem er die Länge der Kammer zu 20, die Breite zu 10 Ellen annahm, und hatte damit offenbar zufällig einen sehr glücklichen Griff gethan. Böckh fügt noch einige Pyramidenmafse hinzu, die ihm auf eine Elle von c. 0,520 reducirbar scheinen, bemerkt aber schliefslich, (²) dafs dieses Mefsverfahren „verhältnifsmäfsig nur wenige Beispiele zu liefern scheine, in welchen sich die gröfsere Aegyptische Elle klar herausstellte." Dagegen pflichtet er im Ganzen den Annahmen von Jomard bei, der eine grofse Anzahl von Beispielen zusammengestellt hat, aus denen sich die regelmäfsige Anwendung einer Elle von c. 0,462 ergeben soll, also eine der angenommenen griechischen Elle identische. „Alles zusammengenommen, sagt Böckh, könne die Anwendung einer Elle von etwa 462 Millimetern bei den alten Aegyptischen Bauwerken nicht in Zweifel gestellt werden. Nach grillenhaften Vorstellungen des bizarren Volkes möge die gröfsere, königliche und heilige, bei den Bauwerken selten angewandt worden sein, wie in der Grabkammer des Königs der grofsen Pyramide, während doch der Sarkophag wieder nach der gemeinen Elle gemessen sei." Auch Hultsch (³) stimmt der Annahme einer Elle von 462 bis 463 Millim. mit Berufung auf Böckh und Jomard bei, und fügt hinzu, dafs diese kleinere Elle auf den erhaltenen Mafsstäben angedeutet zu sein scheine. Hier ist aber wohl eine kleinere Elle, aber nicht von 0,462 verzeichnet.

Für die Existenz der griechischen Elle in Aegypten hat bisher aber nur das Ergebnifs der Messung geltend gemacht werden können, und wenn die völ-

---
(¹) Böckh, Meteorol. p. 232.
(²) p. 234.
(³) Metrol. p. 280.

lige Unzuverlässigkeit dieses Ergebnisses jetzt, wie es scheint, von uns aufser Zweifel gestellt worden ist, so bleibt keine andre nachweisbare Spur einer solchen Elle mehr übrig. Vielmehr lassen sich die entschiedensten Gründe gegen ihr Vorhandensein in Aegypten aufweisen. Denn einerseits kann der Gebrauch der grofsen Elle von 0,525 bereits in der Pyramidenzeit und gerade beim Bau der Pyramiden selbst direkt nachgewiesen werden, andererseits steht das Vorhandensein einer kleineren Elle allerdings fest, die aber nicht zu 0,462 angenommen werden kann.

Was den ersten Punkt betrifft, so ist das Mafs der grofsen Elle nicht selten auf jenen ältesten Bausteinen selbst verzeichnet worden. Am Eingange der Pyramide des Königs *Amχu-ra* bei Abusir (¹) trägt ein Block der östlichen Wand das Schild des Königs. Eine rothe Linie ist mitten durch den Namen gezogen, und wie die Farbe noch jetzt erkennen läfst, später aufgesetzt als der Name, der offenbar bereits in dem Steinbruche angeschrieben worden war. Unter dieser horizontalen Linie ist c. 1,04 eine andere parallel gezogen mit der Beischrift 𓉔, unter dieser in gleicher Entfernung eine dritte mit der Beischrift 𓉔, und unter dieser eine vierte c. 0,52 tiefer; um ebenso viel tiefer liegt der Fels, auf welchem die untersten Blöcke aufgesetzt sind. Die unterste Linie war also eine 1 Elle, die nächste 2, die dritte 4, die vierte 6 Ellen über dem Fels über die bereits in ihre Lage gebrachten Bausteine hingezogen zur Richte oder Controlle der Bauleute. Die Entfernungen stimmen allerdings nicht ganz genau, weil die oberste Linie etwas schief gezogen ist und nach rechts hin abfällt. Doch kommt dies eben nur auf Rechnung des Messenden, dem es auch hier auf Genauigkeit nicht ankam. Für uns ist es auch genug, dafs die Entfernung im Durchschnitt ziemlich genau stimmt. In einem Grabe bei den Pyramiden von Gizeh, südlich von dem Grabe no. 95.(²) waren die Wände noch leer, doch für Darstellungen schon vorbereitet. An der Hinterwand der Kammer gegen Westen war der schadhafte Fels mit schönbehauenen Blöcken mäfsiger Gröfse ausgesetzt. Auf der glatten Felswand daneben und zum Theil auf der Mauer laufen zwei rothe horizontale Striche hin, welche von einer grofsen vertikalen Linie durchschnitten werden. Links von dieser lief parallel mit ihr eine andere, von der aber jetzt nur wenig mehr zu sehen ist. Diese 4 Linien bilden in

---

(¹) Denkmäl. II, 39, *e*.
(²) Denkmäl. I, 14.

der Mitte ein Quadrat, dessen Seiten ganz gleich sind und genau 0,52 messen. Die horizontalen Striche wurden hier von oben nach unten gezählt, wie an ihren Beischriften ⌐⊥⌐ und ⌐⊥⌐ 1. und 2. Elle zu erkennen ist. Die Decke der Kammer, von welcher herab gemessen wurde, ist allerdings vom obersten Striche c. 0,56 und 0,59 entfernt; das kommt aber daher, dafs die Decke, wie es scheint, später mehr ausgearbeitet wurde und überhaupt sehr ungleich ist. Eine Nachmessung ohne Angabe der Linien würde also auch hier über die eigentliche Intention irre geführt haben. Auf der linken südlichen Felswand finden sich wieder rothe Linien, die 0,52 von einander entfernt sind. Endlich trägt auch eine Mauer in dem Grabe eines *Atefa* bei den Pyramiden von Saqara([1]) rothe Ellen-Linien. Sie ragt aus dem Sande hervor und ist in Steinlagen von ungefähr 0,25, also von einer halben Elle gebaut. Die zu unterst sichtbare Linie ist von der nächst höheren 0,27.$\frac{1}{2}$ entfernt; beide treffen ungefähr mit den Steinfugen zusammen; die dritte Linie von unten ist von der vorhergehenden 0,25 ($\frac{1}{2}$ Elle) entfernt, erreicht aber die Steinfuge noch nicht, an welcher vielmehr eine vierte um 0,055 (3 Finger) höhere Linie hinläuft. Über dieser höchsten Linie folgen noch 2 Steinlagen von 0,25 und 0,31 Centimeter ohne gezogene Linien. Von der dritten Linie sind zwei Winkel herabgezogen, deren Spitzen 1,06 (2 Ellen) von einander entfernt sind, während die Spitze des rechten von beiden Winkeln von einer rechts davon herabgezogenen vertikalen Linie 0,83 (1$\frac{1}{2}$ Elle) entfernt ist. Über diesem Winkel, links von demselben, ist angeschrieben ⫯⫯⫯ d. i. 3 Ellen 2 Palmen. Es bleibt leider ungewifs, von wo aus dieses Mafs gerechnet ist; der Ausgangspunkt liegt jedenfalls aufserhalb des jetzt sichtbaren Mauerstückes. Die mefsbaren Entfernungen gehen aber offenbar wieder auf die Elle von 0,52 Centimeter zurück. Sollte man noch genaueres Augenmerk auf diesen Punkt im innern Mauerwerk, oder auf rohen Mauerflächen jener ältesten Gräberfelder richten, so würde man ohne Zweifel die Beispiele solcher architektonischer Hülfs-Linien sehr vermehren können und überall dasselbe Grundmafs finden. Ich mache nur noch auf die gleichen Linien, obgleich ohne beigeschriebene Mafse, aufmerksam, die sich in den Constructionskammern über der Königskammer in der gröfsten Pyramide von *Gizeh*, der des *Cheops*, befinden und von Perring ver-

---

([1]) Denkm. I, 33.

zeichnet sind. Die Entfernungen sind von Perring nicht angegeben; nach dem den genauen Zeichnungen beigefügten Mafsstäben scheinen sie sich leicht in ägyptischen Ellen bestimmen zu lassen. In dem zweiten Raume von oben (*Lady Arbuthnots chamber*) läuft an der Südseite eine Linie fast die ganze Wand entlang sehr genau 1 Elle von der Decke abwärts; am westlichen Ende wird sie von einer vertikalen Linie geschnitten, welche von der nächsten vertikalen Linie links, neben deren Kopf die Zahl 3 steht, gerade 3 Ellen entfernt ist. Ebenso ist auf der Nordseite eine horizontale Linie gezogen 1 Elle von der Decke entfernt und am östlichen Ende derselben zwei vertikale im Abstand von 1 Elle.

Aus den bisherigen Anführungen geht augenscheinlich mit voller Gewifsheit hervor, dafs bereits während der 4. Manethonischen und der folgenden Dynastieen die gebräuchliche Bauelle, sowohl für die königlichen, wie für die Privat-Gräber, die sogenannte „königliche" oder grofse Elle von 0,525 war, dieselbe, welche in einigen besonders günstigen Fällen sich auch durch Nachmessung unverzeichneter Weiten ergeben hatte, im übrigen aber durch die Mehrzahl von Jomard's Messungen sich nicht zu bestätigen schien.

Es ist aber auch einleuchtend, wie durchaus unwahrscheinlich es ist, dafs man neben dieser Elle zu derselben Zeit, an demselben Orte und bei derselben Beschäftigung noch eine andere kürzere Elle in Gebrauch gehabt haben sollte, zwei Bauellen um eine Handbreite ungefähr verschieden, und ohne dafs man die Elle, die wir an den Wänden angeschrieben finden, irgend wie von einer andern ebenso gebräuchlichen in der Bezeichnung unterschieden hätte. Es scheint mir unleugbar, dafs wir bei den Pyramiden in allen Dimensionen nur die éine „königliche" Elle von 0,525 voraussetzen dürfen.

Wenn wir gleichwohl auf den ägyptischen Mafsstäben noch eine zweite kleinere Elle bezeichnet finden, so mufs diese entweder einer andern Zeit oder einem andern Orte angehört haben, und etwa, wie so manches andre in Aegypten, nur historisch verzeichnet worden sein ohne im täglichen Gebrauche zu bleiben, oder ihr Gebrauch mufs auf andre Gebiete der Messungen beschränkt gewesen sein, bei welchen die königliche Elle ausgeschlossen war, so dafs sich die eine oder andre Elle, auch ohne besondere Bezeichnung, von selbst verstand.

14

Wir kommen unten auf diesen Punkt zurück, und betrachten zunächst die uns erhaltenen Maſsstäbe genauer, da sie noch immer zu mancherlei Bedenken und sehr verschiedenen Erklärungen in den Einzelheiten Anlaſs gegeben haben. Es sind folgende:

1. Elle des *Amon-em-apet* in Holz mit den Schildern des Königs Horus, nach Drovetti, der sie zuerst erworben, aus Memphis stammend, das heiſst ohne Zweifel nicht aus den Ruinen der Stadt, sondern aus der Nekropolis von Memphis, jetzt im Museum von Turin aufbewahrt. Sie wurde zuerst von Jomard publicirt ([1]). Eine Kopie, die ich selbst 1836 in Turin genommen, und eine Durchzeichnung, die mir jetzt von dem Direktor des Turiner Museums Hrn. Prof. Orcurti übersendet worden ist, beweisen nur die Genauigkeit der Darstellung bei Jomard, nach welcher wir sie reproducirt haben auf Taf. I, b. Länge 0,"5235.

2. Elle des *Māia*, in Holz, gleichfalls von Drovetti aus Memphis erworben, jetzt im Louvre. Auch diese ist sehr genau von Jomard in seiner *Lettre à M. Abel Rémusat* publicirt ([2]). Ich verdanke Hrn. Longpérier neuerdings eine Durchzeichnung. S. Taf. II, a. Länge 0,"523 vorn, 0,"525 hinten.

3. Elle des *Amon-hotep*, in Stein ([3]). Sie ist in 8 Stücke zerbrochen, und von diesen fehlt eins. Die ersten Fragmente wurden von Nizzoli bei seinen Ausgrabungen in der Nekropolis von Memphis gefunden; einige Ergänzungen wurden nachträglich von Drovetti erworben und den ersten zugefügt. Die 7 Fragmente befinden sich jetzt in Florenz. Sie wurden zuerst anonym von Migliarini ([4]) publicirt 1824 ([5]),

---

([1]) *Description d'un étalon métrique*. Paris 1822. 4. Genauer in demselben *Lettre à M. Abel Rémusat, sur une nouvelle mesure de coudée, trouvée à Memphis*. Paris. 1827. 4. wo zugleich die Ellen no. 2. 3. 4. abgebildet sind. Dann wiederholt von Saigey, *traité de métrologie*. Paris. 1854. 8., Thenius, die altägyptischen Maſsstäbe, in Ullmann und Umbreit, Theol. Stud. u. Krit. Dresden. 1846. 8. 1, p. 125, Queipo, *Essay sur les systèmes métriques*. tome I. Paris. 1859. 8.

([2]) Vgl. das Kunstblatt des Morgenlandes 1834. no. 70. p. 125.

([3]) „*Marmorn*". Die alten Aegypter kannten aber den wirklichen Marmor nicht. Es wird ein feiner Kalkstein sein.

([4]) Nach brieflicher Mittheilung desselben an mich.

([5]) *Biblioteca Italiana di Milano*. No. XCVII. XCVIII, 1824. p. 45: *Di un cubito marmoreo egizio della raccolta del Sig. Gius. Nizzoli, cancelliere del consol. Austriaco in Egitto*.

dann von Jomard 1827. In demselben Grabe wurde eine Stele des Verstorbenen (jetzt in Turin) und eine Palette (jetzt in Louvre) aus „grünem Basalt" gefunden, welche letztere genau das Mafs einer Elle, nämlich 0,525 (¹) hat, woraus man wohl auf das ursprüngliche Mafs der fragmentirten Elle zurückschliefsen darf, obgleich das von den erhaltenen Fragmenten erschlossene Mafs etwas geringer, nämlich 0,523 ist (²). S. unsere Tafel II, b.

4. Fragment einer Elle, von Raffaelli erworben, in „Schiefer oder grauem Basalt" (³), nach *Champollion-Figeac* (⁴) im *Cabinet du roi*, nach Jomard (⁵) auf der *Bibliothèque du roi* deponirt, nach Queipo (⁶) im *Cabinet impérial des médailles* befindlich, jetzt aber, nach brieflicher Mittheilung aus Paris, nicht mehr aufzufinden. Es wurde zuerst publicirt von *Champollion-Figeac* 1824 (⁴) und von Jomard 1827 danach wiederholt. Auch unsre Darstellung Taf. III, a. ist aus dem *Bulletin* entnommen. Es enthält nur den mittleren Theil einer Elle, und würde nach Jomard in ganzer Länge etwa 0,524 betragen haben.

5. Fragment einer Elle, Hrn. Harris in Alexandrien zugehörig, in Stein, zuerst publicirt von Brugsch (⁷). Unsere Darstellung Taf. III, b. beruht auf einem Papierabdrucke, den ich Hrn. J. Bonomi verdanke, und auf einem zweiten noch vollständigeren, den ich, durch Hrn. Dr. Brugsch vermittelt, der Güte des Hrn. Harris verdanke. Es stellt wiederum nur den mittleren Theil einer Elle dar, die hiernach zu schliefsen, den andern Ellen ungefähr gleich war.

6. Eine Elle in Schiefer, von d'Anastasi aus einem Memphitischen Grabe gewonnen, in drei Stücken, die er 1823 nach Italien gesendet hat (⁸).

(¹) Saigey, p. 15.
(²) Jomard, *Lettre*, p. 28.
(³) Jomard, *Lettre*, p. 17. — Nach Queipo in grünem Basalt.
(⁴) *Bulletin univ. des Sciences et de l'Industrie*, VII. sect., tome II de 1824, no. 25 (cf. tome I, no. 332).
(⁵) *Lettre* p. 17.
(⁶) Syst. I, p. 45.
(⁷) Geographie des alten Aegyptens Theil I, Taf. XVI (vgl. p. 97. 142).
(⁸) Jomard, *Lettre*, p. 19.

Ihr genaues Maſs ist in der *Biblioteca Italiana* (¹) auf 0͵5265 angegeben. Sie befand sich (im Widerspruch mit andern Angaben) in Florenz, ist aber jetzt, nach einer brieflichen Mittheilung des Prof. Migliarini, daselbst nicht mehr aufzufinden. Unsere Darstellung auf Taf. III, *c*. ist daher von der unvollkommenen Kopie entnommen, die sich in einer Sammlung von Ellenzeichnungen im Brittischen Museum befindet, und mir von Hrn. S. Birch gefälligst in einer Durchzeichnung mitgetheilt worden ist. Diese, so wie die drei folgenden Ellen wurden mir erst näher bekannt, nachdem gegenwärtige Abhandlung der Akademie vorgetragen war. Ich habe sie daher erst in einem Anhange näher besprochen.

7. Elle in sehr hartem schwarzgrünem Basalt (²) in Turin. Sie ist nach Orcurti (³) 5 Millimeter länger als die Turiner Elle in Holz (oben no. 1), und da diese nach Jomard 0͵523.5 hat, so würde jene 0͵5285 haben. Dies ergiebt auch ungefähr der Gypsabguſs, welchen Hr. Prof. Orcurti mir auf meine Bitte hat anfertigen lassen. S. Taf. IV, *a*.

8. Elle in Bronce, in Turin, die einzige viereckige; nach Orcurti (⁴) 0͵523. S. Taf. IV, *b*. nach Gypsabguſs. Die Inschrift enthält dieselben Namen wie die vorhergehende. Material, Form, Eintheilung und Inschrift scheinen ihre Unächtheit zu beweisen.

9. Elle in Holz, aus der Sammlung d'Anastasi, mit der koptischen Inschrift ⲯⲁϧ ⲡⲁϧⲱⲙⲡⲛⲁⲉⲉ d. i. ⲡ-ⲥⲁϧ ⲡⲁϧⲱⲙ ⲡ-ⲕⲁⲉⲉ, der Schreiber *Pahom* mit dem Beinamen *P-kaee*. Der Name ⲡⲁϧⲱⲙ ist die Thebanische Form für ⲡⲁϭⲱⲙ, ⲡⲁϭⲟⲙ, *Pachomius (aquila)*, wie ⲥⲁϧ für Memphitisch ⲥⲁϭ. Aus diesen Formen geht der Thebanische Ursprung der Elle hervor. Unsere Abbildung Taf. IV, *c*. ist nach der Durchzeichnung einer Kopie, die sich in der oben (n. 6) erwähnten Sammlung des Brittischen Museums befindet. Daselbst ist die Länge notirt zu 21,21 Engl. Zoll, d. i. 0͵5287 (den Engl. Fuſs zu 0͵3048012 gerechnet).

(¹) Band LIII, p. 208. Cf. Girard im *Bullet. des Sciences*. 1828. p. 38.
(²) Nach brieflicher Mittheilung.
(³) *Catalogo illustrato dei monumenti egizii del R. Museo di Torino*. 1852. 8. p. 172: „*di basalte.*" Nach Hussey, *Essay on the ancient weights*. Oxford. 1836. 8. p. 235. in rothem Stein.
(⁴) *Catalogo*, p. 172.

10. Elle in hartem gelblichen Holze, sehr grob gearbeitet, mit einer rundlich abgestofsenen Kante. Sie ist von Queipo(¹) beschrieben und gemessen worden. Von den sieben Palmen, in die sie mit der Säge getheilt ist, sind die 4 ersten wieder in je 4 Finger getheilt. Sie trägt auf der Hinterseite eine hieroglyphische Inschrift, sehr grob eingeschnitten, zu Ehren des *Amon-Ra* — was auf Thebanischen Ursprung hinzuweisen scheint, wie sie auch in Theben gekauft worden sein soll — und hat an der längsten der etwas ungleichen Kanten 0,525.98. Sie wurde von Queipo im August 1857 im Brittischen Museum gesehen, dem sie angeboten wurde, und ist nachher an Hrn. Mayer aus Liverpool verkauft worden. Es wird nicht gesagt, ob etwa Zweifel an ihrer Ächheit den Ankauf für das Brittische Museum verhindert haben.

(11.) Eine der Elle des *Mäia* (no. 2) ähnliche hölzerne Elle wurde nach Queipo (der sie unter no. 4 anführt) für das Louvre angekauft, später aber, weil ihre Ächtheit bezweifelt wurde, zurückgezogen.

(12.) Eine der Elle des *Mäia* gleichfalls überaus ähnliche und auf dieselbe Person sich beziehende Elle ist von S. Sharpe in seinen *Egyptian Inscriptions* II, pl. 46 publicirt, und von Queipo unter No. 8 aufgeführt worden. Der letztere bemerkt darüber, dafs sie Hrn. Harris zugehöre, der sie in Alexandrien gekauft habe. Mr. Sharpe, der sie nach einer von Bonomi in Cairo genommenen Abzeichnung einer Kopie publicirt hat, schreibt mir, dafs die Kopie damals im Besitz des Herrn Massara zu Cairo gewesen sei, der das Original die Elle von Jomard genannt habe, welches im Pariser Museum sei. Eine Vergleichung lehrt auch sogleich, dafs die Zeichnung bei Massara eine sehr fehler- und lückenhafte Kopie der Elle des *Mäia* war. Dabei nimmt es nur Wunder, dafs eine Beschädigung der Drovettischen Elle hier, obgleich unrichtig, ergänzt erscheint, und ein Abtheilungszeichen, aus Querstrichen zwischen dem 2ten und 3ten Götternamen bestehend, mehr als dort(²), ein andres verschieden dargestellt ist. Diese Gründe lassen mich vermuthen, dafs die Kopie nicht direkt von der Pariser Elle des *Mäia*, sondern von einer hölzernen Nachahmung derselben, genommen wurde, und dann wohl von der als verdächtig zurückge-

(¹) *Systèmes* I, p. 46.   (²) Siehe jedoch p. 30, Note.

zogenen, welche Queipo in seiner Liste als No. 4 anführt. Diese beiden Ellen müssen daher wieder ausgeschieden werden.

(13.) Auch die oben bereits erwähnte Maler-Palette von Basalt im Louvre pflegt noch besonders aufgeführt zu werden (Queipo no. 7), die aber doch nicht als Elle angesehen werden kann, da sie keine Abtheilungen hat.

(14.) Eine Doppel-Elle von 1,048.902, in weißem Holze 0,02 breit und 0,015 dick, mit einer abgezogenen Kante, in 14 Palmen von ungefähr gleicher Länge getheilt, die zu Theben im Mauerwerk des von Horus gebauten Pylons gefunden worden sein soll, wurde von Herrn Harris an das Brittische Museum gegeben. Wir kommen unten auf sie zurück.

Alle hier angeführten authentischen Ellenmaſse sind in 7 Palmen und 28 Finger getheilt. Die Abtheilungsstriche selbst aber sind keineswegs mathematisch genau aufgetragen, sondern wechseln in ihren gegenseitigen Entfernungen in einer offenbar unbeabsichtigten Weise. Es ist daher schon früher öfters ausgesprochen worden, daſs diese Maſsstäbe nicht als wirklich gebrauchte Ellen, sondern gleichsam nur als Bilder derselben anzusehen seien, welche zu andern als praktischen Zwecken angefertigt und den Verstorbenen mit ins Grab gegeben wurden. Dies ist auch namentlich bei den steinernen Ellen augenfällig, da man sich ja zum bequemen Gebrauch nicht eines unbequemen schweren und dabei zerbrechlichen Materials bedient haben wird. Bei den hölzernen Ellen würde man eher schwanken können, wenn nicht auch hier die hieroglyphischen Inschriften bewiesen, daſs ihnen eine besondere religiöse Bedeutung beigelegt wurde, die wir für die Ellen im gewöhnlichen Leben nicht voraussetzen können. Die einzige Ausnahme würde die Doppel-Elle bilden, wenn ihre Ächtheit fest stände, da sie in dem Mauerwerk eines Pylons gefunden worden sein soll, wohin sie nur einem Bauaufseher während der Arbeit hätte entfallen sein können.

Dennoch kann es natürlich ebensowenig zweifelhaft sein, daſs man genaue Maſsbestimmungen und folglich genaue Maſsstäbe hatte, die nicht willkührlich alterirt werden durften; nur ist bis jetzt kein solcher zum Vorschein gekommen. Es fragt sich nun, ob die erhaltenen Exemplare durch ihre Theilbezeichnungen uns in den Stand setzen, ein solches Mustermaſs uns nachträglich zu construiren. Dazu müssen wir zunächst den Sinn dieser Bezeichnungen und ihre ursprüngliche Absicht genau erforschen.

Wir können dabei nur von den beiden hölzernen Ellen ausgehen, die zugleich die vollständigsten und die beiden einzigen sind, deren Alter genau bestimmt werden kann. Die erste trägt selbst die Schilder des Königs *Horus*, und gehört demnach in die Mitte des 15. Jh. vor Chr. Die zweite stammt mit gröfster Wahrscheinlichkeit aus einem Grabe des Todtenfeldes von *Saqara*, südlich von der grofsen Pyramide, dessen Reste in den Denkmälern der Preufsischen Expedition (¹) publicirt worden sind, und aus welchem mehrere Bekleidungstafeln der Wände mit vorzüglich sauber ausgeführten Skulpturen jetzt im Museum von Berlin aufbewahrt werden. Der Inhaber dieses Grabes führte nicht nur denselben Namen *Mūia*, sondern auch dieselben Titel 〉𝕸☰🐍𝄽⌐🕮🝊🠦𓍯𐎂𐎚𐏋𐏐𐏒𐏋 *ax suten, ma mi-f, ta χu hi unam en suten, mer pa hat en neb to-ui*, *Mūia:* „der Schreiber des Königs, der ihn in Wahrheit liebt, Träger des Federwedels zur Rechten des Königs, Vorsteher des weifsen Doppelhauses des Landesherrn *Mūia*". An einer Stelle(¹) heifst derselbe auch Baumeister ⌷𝕊∥⌐▰ *mer kat-u em men* . . . und erinnert dadurch an die Felseninschrift neben der Pyramide des *Chephren*, welche von einem Architekten *Mūi* ⌐𝕊 ⌐∥ eingegraben wurde, der unter Ramses II angestellt war. Die Namensvariante, obgleich sie unwesentlich ist, und das Fehlen der übrigen Titel dieses Baumeisters von Heliopolis, der aber aus Theben stammte, macht die Identität mit dem *Mūia* von *Saqara* allerdings nicht besonders wahrscheinlich, doch zeigt der Name und der Stil der Darstellungen und Inschriften des Grabes, dafs dieses und folglich auch die Elle unzweifelhaft der 19. oder 20. Dynastie angehörten.

Auf beiden Ellen beginnen die Bezeichnungen der Abtheilungen von rechts nach links. Dies ist die regelmäfsige Richtung, wie sie überall zu erwarten ist, wo nicht besondere Gründe eine Umkehrung der Schriftrichtung veranlassen. Die fortlaufende Inschriftzeile der Oberseite, gleichsam die Dedikationsinschrift, der ersten Elle folgt derselben Richtung. Dagegen läuft die Inschrift der Hinterseite derselben von links nach rechts, offenbar weil sie an demselben Ende der Elle beginnen und doch die Zeichen, wenn

---

(¹) Abth. III, 240 ff.
(²) 242, a.

die Elle in ihrer natürlichen Lage war, nicht auf dem Kopfe stehen sollten. Bei den fortlaufenden Inschriften, welche die zweite Elle auf der Hinterseite, und auch auf der Unterseite (die bei der ersten leer ist) trägt, ist umgekehrt die natürliche Richtung von rechts nach links beibehalten, deshalb aber am andern Ende der Elle angefangen. Bei den drei steinernen Ellen (no. 3. 4. 5) ist dagegen die Richtung der Abtheilungen, die man zunächst im Auge hatte, wenn die Elle vorlag, weil sie auf den Oberseiten und der Vorderseite eingegraben sind, von links nach rechts, also gegen die Regel, und ohne dafs ein Grund abzusehen ist. Die fortlaufende Inschrift von no. 3 (Nizzoli) beginnt dagegen am rechten Ende, aber nicht horizontal, sondern vertikal in einer Kolumne geschrieben, sowohl an der Hinterseite als an der Unterseite. Bei no. 4 (Raffaelli) tragen die Hinter- und die Unter-Seite auch Kolumnen von oben nach unten geschrieben, aber, wie die Abtheilungszeichen, am linken Ende der Elle beginnend. Das Fragment no. 5 (Harris) läfst wieder sämmtliche Inschriften von der rechten nach der linken Seite der Elle fortlaufen, auch die der Unterseite, welche nur sehr vereinzelt lesbar sind und von Brugsch weggelassen wurden, wie einiges andre, was für seinen Zweck gleichgültig war. Die einzige Ausnahme findet sich auf der Hinterseite. Wenn sich der Beschauer vor diese stellt, so dafs er also das rechte Ende der Elle links vor sich hat, so ist der oberste Theil der Seite, der in Felder von 1 Daktylos Breite getheilt ist (bis auf ein Zeichen), von links nach rechts, die Zeile darunter aber von rechts nach links zu lesen; diese allein beginnt also an dem linken Ende der Elle. Das deutet darauf hin, dafs die Gruppen der Felder auf die Eintheilung der Elle Bezug hatten.

Auf der Oberseite der Ellen no. 1. 2. 5 läuft zu oberst eine Reihe von Götternamen hin, 28 an Zahl, den 28 Fingerbreiten der Elle entsprechend und wie diese durch Linien von einander getrennt. Es beginnen auf der Turiner Elle (no. 1) 10 Götter der ersten Ordnung, von denen jedoch der dritte (*Ka* oder *Xent*) fast unbekannt ist ([1]). Die Ordnung ist, bezeichnend für den Fundort, die Memphitische, nicht die Thebanische, indem sie mit *Ra*, nicht mit *Mantu* und *Atmu* beginnt, nämlich: *Ra*, *Su*, *Ka*, *Seb*, *Nut*, *Osiris*, *Isis*, *Set*, *Nephthys* und *Horus*. Darauf folgen die 4 dem Osiriskreise zugehörigen Götter *Amset*, *Hapi*, *Kebhsenuf* und

---

([1]) S. meine Abhandl. über den ersten ägypt. Götterkreis p. 32.

Tumutef. Die andre Hälfte der Elle beginnt mit *Thoth*, dem ersten Gott der zweiten Götterordnung und dann folgt eine Reihe von Göttern, die gröfstentheils sehr wenig bekannt sind, als vorletzter aber noch ◂, *Xem*, der Pan von Oberägypten. Auf der Elle des *Mäia* ist, offenbar durch eine Unaufmerksamkeit des Schreibers, der Gott *Seb* ausgelassen, so dafs jetzt die *Nut* mit dem Gott *Ka* verbunden erscheint. Die dadurch entstandene Lücke hat eine Verschiebung der folgenden Namen veranlafst, bis zum siebzehnten Gott, hinter welchem der zwanzigste Gott unrichtig eingeschoben ist, obgleich er an seiner richtigen Stelle noch einmal erscheint. Aufserdem ist der Name des 17. Gottes unrichtig 𓀀𓀁𓀂 geschrieben, statt 𓀀𓀁𓀂 wie aus der Schreibung der Elle no. 1 𓀁𓀂 und der Elle no. 5 𓏺 hervorgeht; und der des 22ten 𓊃𓀁𓏥 statt 𓊃𓏥.

Auf der Elle no. 5 sind unter den Göttern die Namen der ägyptischen Nomen angegeben. Obgleich das Fragment davon nur 8 enthält, so geht doch daraus hervor, dafs sie mit dem südlichsten Nomos begannen und in der gewöhnlichen Ordnung nach Norden fortschritten. Mit welchem unterägyptischen Nomos zuletzt abgeschnitten wurde, bleibt ungewifs.

Es folgt dann die Reihe der hieroglyphischen Gruppen, welche die Abtheilungen der Elle anzeigen. Auch diese Reihe ist auf der Elle no. 1, wie die übrigen Reihen der Ober- und Vorderseiten, in 28 Felder getheilt, während auf allen übrigen Ellen die Vertikallinien dieser Reihe von Zeit zu Zeit ausgelassen sind, so dafs einzelne Felder bis zu 4 Daktylen breit werden. Diese Unterbrechungen der Fingerabtheilungen sind bisher noch nicht in Betracht gezogen und nach ihrer ursprünglichen Absicht erkannt worden. Man hat sich gewundert über die scheinbar willkührliche Stellung, welche die Bezeichnungen der einzelnen Abtheilungen näher oder entfernter von den Abtheilungsstrichen, zu denen sie gehören sollten, einnahmen. Saigey (p. 12) nimmt die Zeichen der Elle no. 1 ⌣ und ⌣, welche auf der Theilungslinie zwischen dem 10. und 11. Finger und auf der zwischen dem 13. und 14. von rechts her stehen, als zusammengehörig, liest sie „halbe Elle" und bezieht sie auf den Theilungsstrich zwischen dem 14. und 15. Finger, der hinter ⌣ folgt, gleichbedeutend mit den Zeichen ⌐ ⌐, „grofse Spanne", welche in den Feldern des 16. und 17. Fingers, also hinter dem Theilungsstrich der halben grofsen Elle eingeschrieben sind, ohne sich an diese Willkühr zu stofsen. Queipo, der das Zeichen ◡ für den Fufs oder $\frac{2}{3}$ der kleinen Elle nimmt, meint, es sei deswegen von einer Theilungslinie ungleich durchschnitten, um den Bruch $\frac{2}{3}$ dadurch anzudeuten! Aus einem gleichen Grunde sei das Zeichen ⌒ auf die Theilungslinie zwischen dem 18. und 19. Finger von links her gesetzt um den grofsen Fufs, oder $\frac{1}{3}$ der grofsen Elle anzudeuten, denn $18\frac{1}{3}$ Finger der kleinen Elle seien in der That $\frac{1}{3}$ der grofsen Elle. Einen Fufs von 20 Fingern, wie Champollion Figeac will, könne das Zeichen nicht bedeuten, weil es nicht unmittelbar am Theilungsstriche des 20. Fingers stehe. Auch Böckh (p. 231) weifs keinen Grund für die unregelmäfsige Stellung der Gruppen anzugeben. Es war aber ohne Zweifel folgender.

Die Elle hatte aufser der Abtheilung in Finger eine Anzahl gröfserer Unterabtheilungen, welche besondere Namen führten. Diese sollten auf den Mafsstäben verzeichnet werden und dies mufste nothwendig in einer consequenten Weise geschehen, da man sonst nicht wissen konnte, zu welchem Theilungsstriche die hieroglyphische Gruppe der gröfseren Unterabtheilung gehörte. Man liefs daher in dem Streifen, in welchen diese Unterabtheilungen eingeschrieben wurden, alle Theilungsstriche der Finger aus, welche nicht zugleich eine gröfsere Abtheilung markirten. Dadurch erhielt man längere Felder von mehreren Daktylen Breite, und in die Mitte dieser Felder wurden die Gruppen gesetzt, welche sich immer auf den Theilungsstrich vor der Gruppe bezogen. Auf der Elle no. 1 ist diese Unterbrechung der Fingertheilungslinien vernachlässigt; die hieroglyphischen Zeichen wurden aber, abgesehen von untergelaufenen Irrthümern, dennoch an ihren richtigen Ort gesetzt. Wurde nun in die Mitte von einem Felde von 2 oder 4 Finger Breite ein einziges Zeichen gesetzt, so mufste der Theilungsstrich, wenn er gegen die Regel durchgezogen wurde, die Hieroglyphe schneiden. So ist es der Fall bei den Zeichen ⌒ und ◡, wie oben bemerkt wurde; sie dürfen also schon deswegen nicht mit einander verbunden werden, wie Saigey wollte. Besteht die Bezeichnung der Unterabtheilung aber aus zwei Zeichen, so fallen sie in zwei nebeneinanderliegende Fingerbreiten, wie ⌒ ☙, ⊥ ⌒, ⊥ ☙. Es beginnt nun die kleine Elle mit dem 24. Finger von links, und die nächste Unterabtheilung mit dem 20. Finger. Die Gruppe der kleinen Elle ⌒ ☙ mufste daher die Fingerbreiten 22 und 23 von links einnehmen, wie dies auch der Fall ist. Die dritte Unterabtheilung beginnt mit dem 16. Finger von links; der Name der zweiten Abtheilung kam dadurch wieder in ein Feld von 4 Fingern (17-20), und da er nur durch das Zeichen ⁓ ausgedrückt wurde, so mufste dieses zwischen den 18. und 19. Finger auf den Theilungsstrich, wenn er durchgezogen wurde, gesetzt werden, wo es sich auch findet. Die vierte Unterabtheilung beginnt mit dem 14. Finger; daher fiel das einzelne Zeichen der vorhergehenden auf den Theilungsstrich zwischen dem 15. und 16. Finger von links. Die folgende Gruppe ⌋ ⌐ konnte wieder nur zwei Finger Breite erhalten, und mufste daher die Fingerbreiten 13 und 14 einnehmen, sie sind aber um ein Feld zu weit nach links gerückt, aus Versehen, indem der Schreiber wahrscheinlich das Ende der Finger-Bruchtheile, welche 1 Finger über die Mitte der Elle hinausgeführt sind, für die Mitte der Elle hielt. Die folgende Gruppe aber ⌋ ⌐, welche in die Fingerbreiten 9-12 von links fiel, steht wieder an ihrem richtigen Platze. Es folgen links zwei Hände zu je 4 Fingern. Dieselbe Hand kehrt wieder im 4. Finger von links, wo sie die Handbreite παλαιστή bedeutet. Als Bezeichnung von 7 und von 8 Fingern hat das Zeichen keinen Sinn. Es ist daher wohl kaum zu bezweifeln, dafs diese beiden Hände zusammenzufassen und als Bezeichnung von 2 Palmen zu verstehen sind. Ihre Stellung ist dann ganz richtig, und die Gruppe würde nicht mifszuverstehen sein, wenn der Fingerstrich nicht durchgezogen wäre. Dasselbe gilt vielleicht auch von den beiden folgenden Zeichen ▷ ◁, welche dann nicht einzeln 6 und 5 Finger bedeuten würden, wie es bisher angenommen wurde, sondern 1 und 5, zusammen 6 Finger, gleich $1\frac{1}{2}$ Palm, beginnend mit dem 6. Finger von links. Die Zeichen würden an ihrer richtigen Stelle stehen, und eine weitere Bestätigung dieser Auffassung scheint auf der Elle Nizzoli (no. 3) zu erkennen zu sein, weil hier in der That der Theilungsstrich zwischen diesen beiden Zeichen nicht durchgezogen ist. Es kommt dazu, dafs eine besondere Bezeichnung von 5 Fingern die einzige unter den Unterabtheilungen wäre, die eine ungerade Anzahl von Fingern enthielte; denn die einzelnen 3 Finger werden keine besondere Bezeichnung gehabt haben, während die 2 Finger möglicherweise eine solche hatten, wie wir es wenigstens bei den Griechen finden, die dafür κόνδυλος sagen konnten. Dennoch bin ich wegen der 6 Finger oder $1\frac{1}{2}$ Palm zweifelhaft, weil man ▷ nicht leicht statt ∤ für 1 Finger gebraucht, und in der Zusammensetzung mit der Hand nicht vor, sondern hinter dieselbe gesetzt haben würde; auch läfst sich nicht wohl ein bequemes Wort für die Gruppe ⌂ denken, während man ⌂ „zwei Palm" gelesen haben wird. Der von der Faust weggestreckte Daum konnte sehr wohl den einen Finger der andern Hand, also den sechsten bezeichnen. Auf der Elle Nizzoli ist der Strich zwischen dem 7. und 8. Finger unrichtig durchgezogen; um so leichter läfst sich eine Verwechselung mit dem Strich erklären, der zwischen den 5. und 6. Finger gehörte. Es würde hier schliefslich nur der Nachweis einer Stelle in einer Inschrift entscheiden können, die sich aber schwerlich finden wird, da der gewöhnliche Ausdruck ohne Zweifel „1 Palm und 1 Finger," „1 Palm und 2 Finger," gewesen sein wird.

Auf der Elle no. 2 ist die Stellung der Gruppe ⌂ ⌂ dieselbe wie auf no. 1. Das ist ein Beweis mehr, wenn es dessen noch bedürfen sollte, dafs die „kleine Elle" mit dem 24. Finger von links begann, obgleich die Gruppe ⌂ ⌂ „königliche Elle" auf no. 2. in einem Felde von nur 3 Finger steht, was Jomard für seine aus andern Gründen unmögliche Ansicht, dafs die kleine Elle 25 Finger umfafst habe, hätte geltend machen können. Auf der Elle no. 2. sind überhaupt nur drei Scheidelinien der Finger nicht durchgezogen, und auf beiden Ellen würde man die erste Gruppe ⌂ ⌂ etwas weiter links in der Mitte der 4 ersten Daktylen zu erwarten haben. Vollkommen richtig steht die Gruppe dagegen auf der Elle Nizzoli, wo auch die vierte Scheidelinie erst durchgezogen ist. Die zweite Gruppe ⌂ ⌂ „kleine Elle" ist hier abgebrochen. Ebenso sind die drei folgenden Bezeichnungen ganz richtig gestellt und die entsprechenden Scheidelinien richtig durchgezogen. Dagegen steht die Gruppe ⌂ ⌂ „kleine Spanne" unrichtig um einen Finger zu weit rechts, im Zusammenhange, wie es scheint, mit dem schon früheren Versehen des Verfertigers, dafs er zwischen den Anfängen der grofsen und der kleinen Spanne eine Linie durchgezogen hat, wodurch jetzt ein ganz leeres Feld entsteht. Ganz derselbe Fehler ist wunderlicher Weise auch auf dem Fragment Raffaelli, dessen übrige Abtheilungen richtig sind. Ganz abweichend ist die Abtheilung auf dem Fragment no. 5. Statt des Menschenfufses bei Brugsch ist nach dem mir vorliegenden Papierabdruck die ausgespannte Vogelkralle ⌂ zu setzen; das Zeichen dahinter ist ⌂; beide sind zusammengehörig: „grofse Spanne". Zwischen beiden Zeichen aber würde nach der übrigen Eintheilung des Fragmentes die Mittellinie der grofsen Elle fallen, die aber hier nicht durchgezogen ist. Denn die Stellung des Bruchstücks geht sowohl aus der Götterreihe auf der Oberseite, als aus der darunter folgenden Reihe der Nomengruppen hervor, und wenn auch in der nächstfolgenden Reihe der Finger-Bruchtheile über die beiden letzten Felder einige Ungewißheit bleiben kann, so sind doch die früheren Theilzahlen wohl erhalten und stimmen mit der obern Reihe überein. Wir können daher nur annehmen, daſs die Mittellinie aus Versehen nicht durchgezogen worden ist, welches daher entstanden sein wird, daſs man zunächst nur die Scheidelinien der mittleren Palmen durchzog. Dann erklärt sich auch der daraus hervorgegangene fernere Irrthum, daſs nun die Gruppe ⌐ ⟵ das ganze Feld von 4 Fingern erhielt, in dessen Mitte sie steht und dadurch um diejenigen zwei Felder zu weit rechts rückte, in welchen das Zeichen ⌣ stehen mußte. Dieses letztere Zeichen ist nun dadurch gänzlich verdrängt worden; denn der Rest des noch weiter rechts geschriebenen Zeichens kann ohne Zweifel nur ⌢ gewesen sein.

Unter den Gruppen der Unterabtheilungen läuft eine Reihe von immer feineren Eintheilungen der einzelnen Daktylen hin, und zwar auf allen Ellen von rechts her anfangend, auch wenn die Gruppen darüber von links beginnen. Die richtige Anordnung ist, wie wir weiterhin sehen werden, die der alten Ellen. Die Bruchtheilungsstriche selbst sind an der schmalen Vorderseite eingeritzt. Der erste Daktylos von rechts ist in 2 Theile getheilt. Darüber steht die Hieroglyphe ⊂, m, welche hier $\frac{1}{2}$ bedeuten muſs, obgleich diese Bedeutung bis jetzt weder in andern Inschriften nachgewiesen worden, noch aus dem Koptischen erklärbar ist. Der zweite Daktylos ist in 3 Theile getheilt, darüber steht ⌒, d. i. re III, „dritter Theil", $\frac{1}{3}$. So geht die Eintheilung fort ⅢⅢ $\frac{1}{4}$, ⅢⅢ $\frac{1}{5}$, bis zum 18. Daktylos mit ⌒ ∣∣∣, $\frac{1}{16}$, welcher in 16 Theile getheilt ist.([1]) Die Eintheilung hört also nicht mit der Hälfte, sondern mit einem Dactylos über die Hälfte hinaus auf. Das ist nicht willkührlich, sondern geht aus der alten Zählung hervor, welche bei Brüchen am liebsten in Halbirungen fortschritt. So finden wir bei den Ackervermessungen als Bruchtheile des Grundmaſses, welches hier das σχοινίον ist, nur $\frac{1}{2}$ $\frac{1}{4}$ $\frac{1}{8}$ $\frac{1}{16}$ $\frac{1}{32}$ besonders bezeichnet; alle übrigen Brüche sind daraus zusammengesetzt, z. B. $4\frac{1}{4}$ $\frac{1}{8}$ $\frac{1}{32}$ für $4\frac{12}{32}$. Die geometrische Eintheilung des Daktylos bis zu Zweiunddreiſsigsteln fortzu-

---

([1]) Auf no. 5 würde noch ein Feld mit $\frac{1}{6}$ hinzukommen; doch kann dies nur ein Irrthum sein; auch scheint es nach dem Abdruck, als wenn die Zeichen im Original wieder ausgelöscht worden wären.

führen, würde weder technisch leicht auszuführen gewesen sein, noch hätte die Zahl der 28 Daktylen dazu ausgereicht. Man begnügte sich daher bis zur vierten Potenz fortzuschreiten.

Die übrigen 13 daktylischen Felder der andern Hälfte der Elle sind bei der Elle no. 1. mit Zeichen einer andern Eintheilung ausgefüllt, welche den bisherigen Erklärern grofse Mühe gemacht haben. Von links her führt jedes der vier ersten Felder die Gruppe ⊤ᵈ ⊤⊤⊤. Im 5. Felde sind zwei starke Striche ‖ dargestellt und daneben ⊤ᵈ. Im 6.-11. Felde steht immer nur ⊤ᵈ; im 12. ⊤⊤⊤ᴵ und im 13. ⊤⊤⊤ᴵᴵ. Jomard(¹) erklärte die Bezeichnung der 4 ersten Dactylen als „4 Daktylen der ersten Elle", die er zu 0,467 annimmt; die beiden Finger des 5. Feldes um den Anfang des 2. Palm zu bezeichnen; die Gruppe ⊤ᵈ für „zweite Elle", unter welcher er die grofse von 0,520 (später von 0,525) versteht; von den Gruppen im 12. und 13. Felde (von links) kann er sich keine Rechenschaft geben.(²) Thenius,(³) liest, nach Seyffarth, die Gruppe ⊤ᵈ ⊤⊤⊤ „*primi cubiti quatuor digiti*", und nimmt diese erste Elle für eine von 26 Fingern. Die zweite oder grofse Elle findet er in der Gruppe, die sich in den Feldern 5-11 wiederholt, angezeigt; das Zeichen ⊤⊤⊤ im 12. und 13. Felde nimmt er für eine Andeutung, dafs 3 Finger um ⅙ verkürzt werden sollten, um die gröfseren Finger der alten Elle auszugleichen. Saigey übersetzt die Gruppe der vier ersten Finger durch *un palme divisé en quatre*, d. i. *un doigt*; die beiden Finger im 5. Felde zeigen die 2. Elle an, und ⊤ᵈ daneben ist ihm ein *signe du second palme*, obgleich dieselbe Gruppe in den Feldern 6-11 die 2. Elle bedeuten soll. Die beiden folgenden Gruppen erklärt er so, dafs sich beide auf den zwischen ihnen befindlichen Theilungsstrich beziehen; ⊤ᵈ ⊤⊤⊤ „*une coudée divisée en trois, ou tiers de coudée*". soll anzeigen, dafs von diesem Striche links 8 Finger, also ⅓ der kleinen Elle, welche mit dem 24. Finger von rechts gezählt endigt, übrig sind und ⊤ᵈ ⊤⊤⊤, *deux coudées divisées en trois, ou deux tiers de coudée*, dafs von diesem Striche rechts bis an das rechte Ende der Elle 16 Finger, also ⅔ der kleinen Elle liegen. Queipo(⁴) pflichtet dieser Erklärung aus-

---

(¹) Etalon. métr. p. 10.
(²) Etalon. métr. p. 18.
(³) Die altägypt. Mafstäbe p. 106.
(⁴) Syst. Vol. I, p. 50. 51.

drücklich in allen Theilen bei. Gleichwohl ist diese letztere Erklärung ebenso unmöglich, wie die früheren. Die Gruppe 𝕝𝕝𝕝 kann nie „vier Finger" bedeuten, weil wir die Bezeichnung des Fingers] kennen; sie kann auch nicht ¼ bedeuten, weil die Brüche durch ⟨⟩ mit der Bruchzahl, sowohl sonst als auf der Elle selbst bezeichnet werden. Auch würde, selbst wenn ⫶ 𝕝𝕝𝕝 stände, dieses doch nur „Elle 1½". bedeuten können, nicht „¼ Palm". Ebenso wenig kann ⫶ 𝕝𝕝𝕝 anzeigen, daſs 3 „Finger" der 2. Elle „verkürzt" werden sollen, weil nichts davon dasteht; auch kann ı 𝕝𝕝𝕝 ½ und ıı 𝕝𝕝𝕝 ⅓ bedeuten, weil Brüche nie so bezeichnet werden. Auch wäre es unglaublich, daſs man ½ Elle an den Fingern 17-24 hätte messen sollen, da man 3 Palmen viel bequemer von einem Ende der Elle an abmaſs; abgesehen von dem Widerspruch, daſs man in allen früheren Feldern angegeben hätte, ob der Daktylos der ersten oder zweiten Elle angehörte, in diesen beiden Feldern aber nicht, in welchen man vielmehr dieselben Striche ı und ıı, die dort auf die 1. und 2. Elle bezogen wären, hier auf 1 und 2 Drittel-Ellen bezogen hätte. Die Bezeichnung ⫶ 𝕝𝕝𝕝 „Elle ⅓" wäre aber an dieser Stelle noch ungeschickter gewesen, weil sie nicht, wie alle übrigen Unterabtheilungen und wie die entsprechende Bezeichnung „Elle ½" am Anfange der Abtheilung, sondern am Ende derselben zu stehen gekommen wäre.

Meines Erachtens liegt hier eine Unvollständigkeit der Ausführung vor, eine Nachlässigkeit, wie sie sich aus dem nicht praktischen Zwecke dieser Maſsstäbe und der allgemein üblichen Sorglosigkeit bei Anfertigung solcher Denkmäler erklärt, und in vielen andern ganz augenfälligen Nachlässigkeiten ihresgleichen finden. Dahin gehören die zahlreichen Fehler, die gerade auf astronomischen und chronologischen Denkmälern, wo man die gröſste Genauigkeit hätte erwarten sollen, nachzuweisen sind, die Lückenhaftigkeit, Verschiebung und durchgängige Incorrektheit der astronomischen Stundentafeln an den Decken der Königsgräber, die verschobenen Zusammenstellungen von Dekan-Göttern und ihren Namen im Innern der Sarkophagdeckel, die falschen Daten, auf den in Stein gehauenen Kalendern, dahin die unvollständig, lückenhaft und fehlerhaft geschriebenen Todtenpapyrus, die sich so häufig finden. Aber auch auf den Ellen selbst, mit denen wir uns hier beschäftigen, haben wir schon die unrichtige Auslassung eines Götternamen und die willkührliche Ergänzung durch einen andern, nun doppelt geschriebenen, auf der Elle no. 2. angemerkt, ebenso die durch Unaufmerksamkeit verschobene Stellung einzelner Gruppen der Unterabtheilungen auf allen Maſsstäben, und die unrichtige Durchziehung einzelner Daktylenstriche durch die nächst höhere Reihe. Noch nicht erwähnt, was hier beiläufig geschieht, sind die ungenauen Bruchtheile der Daktylenfelder, welche auf der Elle no. 1, statt von 2 Theilen regelmäſsig bis zu 16 fortzuschreiten, folgende Reihen bilden: 2, 4, 4, 6, 7, 8, 9, 10, 10, 12, 12, 13, 12, 14, 16. Auf dem Fragment Raffaelli sind die letzten 4 Felder erhalten, welche in 13, 14, 15, 16 Theile getheilt sein sollten, statt dessen aber in 9, 8, 10, 12 Theile getheilt sind. Dahin gehört endlich auch die sehr ungleiche Gröſse der Fingerbreiten selbst, die sogar ohne Zirkel nur nach dem Augenmaſse abgetheilt zu sein scheinen, so wie der Umstand, daſs auf der Elle no. 2. sämmtliche Abtheilungsstriche so schief gezogen worden sind, daſs Thenius darin sogar eine bestimmte Absicht zu entdecken, und im ersten Daktylos oben die Gröſse des Fingers der kleinen, unten des Fingers der grofsen Elle zu erkennen glaubte, ja diesen Unterschied seiner ganzen Rekonstruktion der beiden Ellen zum Grunde legte. (¹)

An dem Bruchstück no. 5 ist zu sehen, daſs die in Rede stehenden Gruppen eigentlich eine ganze, nicht, wie auf no. 1, nur eine halbe Reihe ausfüllen sollten. Es ist also offenbar nur eben eine willkührliche Bequemlichkeit, daſs der Verfertiger von no. 1 die auf der linken Hälfte der Elle folgenden Felder, welche durch das Aufhören der Bruchbezeichnungen disponibel waren, dazu benutzte die zweite Hälfte jener Reihe einzuzeichnen, unbekümmert um den Wegfall der ersten Hälfte. Für das Auge war nun die ganze zumeist sichtbare obere Seite, die schiefe Fläche inbegriffen, gleichmäſsig mit Schrift bedeckt; daſs an der schmalen Vorderseite neben den Bruchlinien die Felder leer blieben war gleichgültiger. Noch bequemer machten es sich die Verfertiger der übrigen Ellen no. 2. 3. 4, welche die ganze Reihe als weniger wesentlich oder als selbstverständlich ganz weglieſsen. Auch auf der Elle no. 5 hatten diese Gruppen nicht eine gesonderte Zeile erhalten, sondern waren ziemlich beengt den Nomengruppen hinzugefügt worden. Die sonst leeren Felder neben den Bruchbezeichnungen waren dagegen hier durch noch andre Gruppen ausgefüllt worden, die zunächst unbekannt bleiben, weil nur eine und auch diese beschädigt sichtbar ist; es

---

(¹) p. 104.

würde noch eine zweite sich erhalten haben, wenn der Schreiber nicht irrthümlich 16, statt 15 Felder mit Bruchtheilen ausgefüllt hätte. Unter diesen Umständen können wir uns nur an das halten, was die Hauptbestandtheile der fraglichen Gruppen bedeuten, und was die Gesammteintheilung der Elle hier am natürlichsten zu verlangen scheint, um die ganze Reihe wieder herzustellen. Nun kann die Gruppe ⌐ und ⌐ nur heißen „Elle I" und „Elle II", erste und zweite Elle, die Zahl ordinal genommen, wie bei den Brüchen in der Zusammensetzung mit ⌐ re, Theil, und wie bei den Datirungen der Jahre, Monate und Tage. Da auf den Maßstäben 2 verschiedene Ellen angegeben sind, die „königliche" große und die kleine Elle, so sind diese offenbar gemeint, und zwar wird man dabei nicht, wie Jomard und Thenius vermuthen, daran gedacht haben, welche von beiden etwa historisch am frühsten in Gebrauch war, was auch schwerlich noch in spätern Zeiten bekannt war, sondern man wird die größte und vornehmste Elle die erste, die kleinere auf der königlichen aufgetragene Elle die zweite genannt haben. Das stimmt auch damit überein, daß die Bezeichnung ⌐, „erste Elle", auf den 4 von links anfangenden Feldern steht, um welche die große Elle größer ist als die kleinere, welche vom 5. Felde an durch ⌐ als die zweite Elle bezeichnet ist. Das Zeichen ⌐ aber ist die abgekürzte Form für die Handbreite παλαιστή, wie aus den von Brugsch(¹) und oben von mir nachgewiesenen Stellen hervorgeht, obgleich er das Zeichen auf der seinen Bemerkungen zum Grunde gelegten Elle no. 1 nicht wieder erkannt hat. Wenn aber hier, wie das Zeichen lehrt, von Palmen die Rede ist, so mußten diese in ihrer Reihenfolge gezählt werden und die Striche, die wir jetzt zugefügt sehen, können nicht richtig sein. Statt des 4. Palm ⌐ muß in den 4 ersten Feldern der 6. Palm stehen, wenn die erste Elle in 6 Palm getheilt war, oder der 7., wenn sie in 7 getheilt war. Im 12. Felde war die Bezeichnung ⌐ 3. Palm richtig, wenn von links gezählt wurde; viel natürlicher aber ist die Zählung von rechts; dann gehörte dieser Finger zum 5. Palm, und der 13te von links zum 4. Palm, wonach die Zahl der Striche zu berichtigen ist. Ebenso ist im 12. Felde natürlich ⌐ in ⌐ zu verbessern. Dieselbe Nachlässigkeit kommt auf dem Fragment no. 5 vor, wo im zweiterhaltenen Felde von rechts ⌐ statt ⌐ steht.

(¹) Brugsch, Zeitschr. 1864, p. 44.

Desgleichen sind hier die Striche der Palmen zu berichtigen. Sehr auffallend würde es dagegen sein, wenn in den 7 Feldern hinter den 4 ersten von links her jede Angabe der Palmen ohne besondern Grund weggefallen sein sollte, um so mehr, da auch auf dem Fragment Harris das Zeichen ⌒ hier und sogar noch in den 2 folgenden Feldern fehlte. Für diesen Umstand wird sich aber sogleich eine andre annehmbare Erklärung finden. Zunächst erscheint es als die fast allein mögliche Annahme, dafs man in der Richtung aller übrigen Unterabtheilungen von rechts nach links die Palmen zählte, zu welchen die einzelnen Finger gehörten, so dafs in jedem Palm 4mal dieselbe Inschrift für die 4 Finger wiederkehrte. Ein Palm liefs sich zu leicht überschauen, als dafs es nöthig geschienen hätte, auch noch die Finger innerhalb desselben zu zählen, wodurch aufserdem die Felder überladen worden wären.

Dagegen fügte man auf den vollständigen Mafsstäben noch eine andre Bezeichnungsart, der leichten Übersichtlichkeit wegen, hinzu, welche auf den vorliegenden Exemplaren allerdings auch nur sehr mangelhaft ausgeführt erscheint. Ich finde bei den früheren Erklärern nirgends auch nur eine Vermuthung ausgesprochen über die Bedeutung der Merkzeichen, welche auf den beiden ersten Mafsstäben als kleine Querlinien auf den Scheidelinien der Daktylen in der obersten Reihe, der Reihe der Götternamen, hin und wieder erscheinen. Auf der Elle no. 1 sind zwischen dem 6. und 7. Daktylos von links 4, zwischen dem 10ten und 11ten 4 und $\frac{1}{2}$ kleiner Querstrich gezogen; auf der Elle no. 2 zwischen dem 6ten und 7ten und ebenso zwischen dem 8. und 9. Daktylos je 5, zwischen dem 9ten und 10ten von rechts her 3 Striche([1]). Ich vermuthe, dafs diese Marken die halben Palmen zu finden erleichtern sollten. Unter dieser Voraussetzung ist die Marke zwischen dem 10. und 11. Finger von links, gleich dem 18ten und 19ten von rechts, vollkommen genau, denn sie zeigt $4\frac{1}{2}$ Palm an; die folgende nach links steht auf dem Strich von $5\frac{1}{2}$ Palm auf ihrem richtigen Platze, müfste aber $1\frac{1}{2}$ Strich mehr haben. Auf der Elle no. 2 würde die erste Marke von rechts einen

---

([1]) Es findet sich auch ein Querstrich auf dem zweiten Theilungsstrich von rechts, der bei Jomard nicht wiedergegeben ist, aber auf der mir durch Hr. de Longpérier übersandten Kopie des Hrn. Gaslin; die Richtigkeit dieser Abweichung ist mir noch besonders durch Hrn. Dr. Helbig bestätigt worden. Auf der falschen Elle bei Sharpe finden sich hier zwei Querstriche. Diese Berichtigung von Jomard ist eine weitere Bestätigung der Ansicht, dafs die halben Palmen durch die Querstriche ausgezeichnet werden sollten.

Strich zu weit rechts stehen, ein Irrthum, der ganz natürlich aus der Verschiebung der Götternamen folgte; denn sie steht richtig hinter dem *Horus*, der *Horus* aber ein Feld zu weit rechts; aufserdem müfste der eine Querstrich nur ein halber sein, da hier 2½ Palmen angezeigt werden sollten. Die nächste Marke müfste auf dem Strich zwischen dem 14. und 15. Daktylos stehen und 3½ Palmen anzeigen. Da aber hier die Mitte der grofsen Elle hinfiel, welche ihre eigne Bezeichnung als „grofse Spanne" hatte, so konnte die fernere Markirung unnöthig erscheinen. Darauf folgte die Marke von 4½ Palmen, welche zwischen dem 18. und 19. Daktylos stehen müfste. Sie steht aber 2 Felder weiter links, wo sie nicht hingehört. Aber auch hier läfst sich der Grund dieses Irrthums vielleicht erkennen. Sowohl an der richtigen als an der falschen Stelle steht, in Folge des falsch eingeschobenen Götternamens, ein und derselbe Name vorher. Man sieht, die Namen waren schon geschrieben; die nächste Marke wurde abgezählt und fiel hinter den Gott *Iri-nef-tésef*; als aber der Griffel angesetzt ward, verlor er sich hinter denselben *Iri-nef-tésef*, der 2 Felder weiter links steht. Die Zahl der Striche ist richtig, nur dafs der eine nicht durchgezogen werden mufste; darauf kam es dem Handwerker nicht an. Die letzte Marke steht wieder richtig; doch müfste ein halber Strich zugefügt werden. Die besondere Bezeichnung der halben Palmen begreift sich um so leichter, da alle diese Unterabtheilungen, mit Ausnahme der mittelsten (3½ Palm), die auch nicht bezeichnet ist, keinen eigenen Namen führten. Auch die Länge von 6 Fingern oder 1½ Palm führte wohl einen besondern Namen, wenn wir oben recht hatten, ☉ dafür zu nehmen. Da aber die Bezeichnung nicht auf der rechten Seite der Elle stand, so wird man erwarten müssen, dafs auch diese Bezeichnung auf dem vollständigen Mafsstaben nicht fehlte.

Was nun die Lesung und nähere Bedeutung der für die Elle und ihre einzelnen Unterabtheilungen gebrauchten Bezeichnungen betrifft, so war für die Elle im Allgemeinen als ideographisches Zeichen zu allen Zeiten der Arm mit nach unten gekrümmten Fingern in Gebrauch ⌐⌐; das ist die Position des messenden Arms, im Gegensatz zum Arm in seiner natürlichen Seitenansicht ⌐⌐, welcher den Arm selbst oder den Vokal *ā* bezeichnet, und im Gegensatz zum Arm mit nach oben geöffneten Fingern ⌐⌐, welcher etwas zu halten pflegt (⌐⌐, ⌐⌐). Es ist unwesentlich, dafs der Obertheil des Arms ⌐⌐ zuweilen nach vorn geneigt erscheint, wodurch er, besonders wenn der Unterarm noch etwas gehoben wird, leicht dem Vogelbein ⌒ ähnlich wird, das aber nicht damit zu verwechseln ist. Die letztere Abweichung erscheint zuweilen in den flüchtigen Inschriften auf den Blöcken aus Pyramidenzeit, z. B. Denkm. II, 39, g. vgl. 125, e. Dagegen ist die Zeichnung sehr correkt in einer andern Inschrift des alten Reiches II, 134, a. Auf der Elle no. 1 erscheint das Zeichen zweimal mit gebogenem, einmal mit geradem Oberarm; auf der Elle no. 2 scheint es fast als ob das Zeichen absichtlich in der Gruppe „königliche Elle" gebogen, in der Gruppe „kleine Elle" gerade geschrieben sei; doch ist auch hier wohl nur Willkühr des Schreibers anzunehmen, da kein Grund für die Verschiedenheit abzusehen ist. Auf Elle no. 3 steht ⌒ statt ⌒. Die phonetische Schreibung des Wortes ist mir im Alten Reiche bisher noch nicht begegnet. Es kann aber nicht zweifelhaft sein, dafs die Elle zu allen Zeiten dieselbe Aussprache hatte wie im Neuen Reiche, nämlich ⌐ (¹), *mah* oder *mahi*, wie noch im Koptischen ⲙⲁϩⲓ. Die Wörter ⲅⲉⲡϫⲉ und ⲕⲱⲧ von unsicherer Bedeutung oder zweifelhaftem Werthe kommen hier nicht in Betracht. Die Gruppe im Anfange der Elle ⌐ ist daher ohne jeden Zweifel zu lesen *mahi suten* „königliche Elle". Es ist nicht richtig das Wort *suten*, wie dies noch immer allgemein geschieht, seinem Substantiv vorzusetzen, und demnach hier zu lesen *suten mahi*, da die Adjective ⌐ *suten* und ⌐ *nuter* nur für das Auge, aus Respekt vor Gott und dem König, vorgesetzt zu werden pflegen, nicht vorher ausgesprochen wurden. Die grofse Elle, gleich der vollen Länge des Mafsstabes, hiefs also, wenn sie von der kleinen Elle unterschieden werden sollte, „die königliche", wie in Ptolemäischer Zeit der zu dieser Elle gehörige Fufs πους βασιλικός hiefs, und wie ebenso schon von Herodot bei Angabe des Mafses der Mauern von Babylon ein πῆχυς βασιλήιος vom πῆχυς μέτριος unterschieden wurde.

Die nächste Gruppe ⌒ würde phonetisch zu schreiben sein ⌐ ⌐, *mahi nets*, „die kleine Elle". Von den 28 Fingern der „königlichen" Elle enthält sie 24.

Die dritte Abtheilung wird durch ⌒ bezeichnet. Auf der Elle no. 1 steht allerdings ⌒, also genau dasselbe Zeichen, welches in den beiden Gruppen vorher die „Elle" bezeichnet. Es kann aber wieder kein Zweifel

---

(¹) Denkm. III, 27, 11. Todtenb. K. 109, 9. 10. 111, 2. 149, 4. 5. 8 u. oft.

sein, daſs hier nur eine Verwechselung vorliegt; denn es ist nicht denkbar, daſs hier nun ein Abschnitt von 20 Fingern folgen sollte, der einfach „Elle" genannt worden wäre, ohne jeden weitern Zusatz; denn das ist schon oben gezeigt worden, daſs die Stelle, wo das Zeichen steht, und die weite Entfernung vom folgenden, nicht zuläſst, beide Zeichen etwa zu einer Gruppe zu verbinden. Auf der Elle no. 2 fehlt das Zeichen, wenigstens an der gleichen Stelle, ganz. Wenn dies nicht wieder nur eine Nachlässigkeit des Verfertigers ist, so würde man nur daraus schliefsen können, daſs die Abtheilung von 20 Fingern eine selten gebräuchliche und unwesentliche war, die man sich auch ganz zu übergehen erlauben konnte. Auf der Elle no. 3 ist das Zeichen so vorgestellt, daſs es sich deutlich vom Arm unterscheidet als Vogelklaue und steht an seiner richtigen Stelle. Wir werden daher diese Form, wenn sie auch vorläufig nicht weiter nachzuweisen ist, für jetzt als die richtige ansehn müssen. In der Griechischen Metrologie finden wir den Namen πυγών für ein Maſs von 20 Fingern, dessen Gebrauch schon bis zu Homer zurückgeht (der sich (¹) des Adjektivs πυγούσιος bedient) und sich auch bei Herodot (2, 175) findet. Von Pollux und Eustathius wird der πυγών auf die Länge des Arms vom Ellenbogen bis zu den eingebogenen Fingern (²), also bis zum mittelsten Knöchel des Mittelfingers, zurückgeführt, ein Maſs, welches zu lang erscheint, da die beiden vordersten Fingerglieder nicht wohl als ein Palm gerechnet werden können. Das „Vogelbein" ⌒ ist Determinativ des ganzen Armes ⌒𝄒⌒ (³), *ḳeb*, *sboi*, wie Thierglieder meistens Determinative der Worte für menschliche Glieder sind, und, weil wir zumeist nach den Armen rechts und links bestimmen, auch Determinativ für ⌒, *unam*, rechts, und ⌒, *abt*, links(⁴). Noch specieller bezeichnet es aber den Oberarm und die Schulter, weil beim Vogelbein der entsprechende obere Theil besonders hervortritt, im Gegensatz zu ⌒, *āā-ui*, den Unterarmen (Denkm. III, 13, 9, 7), die dann aber auch oft für die Arme im allgemeinen gesetzt werden. Daher wird

---
(¹) Od. 10, 517. 11, 25
(²) Hultsch, Metrol. p. 35.
(³) Denkm. IV, 50, a.
(⁴) Zeitschr. für Aeg. Spr. 1865. p. 9. 12. 22.

△ 𓂝𓏤, *kāhu*, die Schulter (¹), und 𓂓𓏤 (²), *remen*, der Oberarm, damit determinirt. In dieser letzten Bedeutung wird nun das Vogelbein auch ideographisch ohne phonetischen Beisatz geschrieben, wie aus der Gruppe des 33. Dekans in den verschiedenen Dekanlisten (³) hervorgeht. In der griechischen Umschrift des Hephaestion lautete dieser Dekan nach den Handschriften Ρομβομαρε oder Ρομβρομαρε, was mit der entsprechenden hieroglyphischen Gruppe nicht identificirt werden konnte. Hr. Goodwin(⁴) hat in einem griechischen Papyrus, der ein Horoskop enthält, eine Anzahl Dekan-Namen gefunden, deren Vergleichung mit Hephaestion, wie er zeigt, manchen willkommenen Aufschluſs giebt; darunter die richtigere Lesart für den 33. Dekan Ρεμεναρε, in welcher er die Lesung *remen* für 𓂝 unzweifelhaft richtig erkannt hat, wie sie sich auch in der von Biot (⁵) angezogenen Stelle des Origenes (⁶) im Wesentlichen wiederfindet, wo der Dekan Ῥαμανόρ lautet. Nur schreibt er den Arm 𓂝 statt des Vogelbeines 𓂝 und übersetzt „Schulter" statt „Oberarm" (⁷). Die Aussprache

(¹) Denkm. III, 227. Todtenb. K. 165, 13.
(²) Denkm. III, 13, a, 7. IV, 74, c. Ros. M. C. tav. XXXIII, 2. Todtb. K. 124, 4. 5. 152, 3.
(³) S. m. Chronol. I, p. 69.
(⁴) Chabas, *Mél.* II, 299. 302. — Es ist mir unbekannt, warum Brugsch, *Mon. de l'Égypt.* I, p. 8. 9, das Zeichen *mar* liest.
(⁵) *Sur le zod. de Dend.* not. 53.
(⁶) *c. Cels.* VIII, 58. 60. Paris 1733. t. I, 785. 786.
(⁷) Der obere und der untere Arm des *Sahu* ist hier nicht von einem obern und untern Theile eines Armes oder Oberarmes zu verstehen, obgleich darauf der Unterarm 𓂝 desselben *Sahu* folgt; dem würde schon entgegenstehen, daſs zwischen dem obern und untern Arme das Ohr des *Sahu* eingeschoben ist; sondern der obere Arm kann nur der von beiden zuerst aufgehende linke, der untere der zuletzt aufgehende rechte Arm sein. Was aber den zweiten Theil des Wortes Ρεμεναρε betrifft, der entweder αρε oder, wenn das erste α zu Ρεμεν gezogen wird, ρε lautet, so scheint es mir bedenklich, ihn aus dem hieroglyphischen 𓂋𓏤 oder 𓂋 herzuleiten, obgleich dies lautlich kein Bedenken hätte, wie aus andern Dekannamen hervorgeht, z. B. Χονταρέ = *Χent-hur*. Denn es ist schwer zu glauben, daſs man einen Dekan nur „den obern Arm" genannt hätte, ohne zu sagen wessen Arm gemeint ist. Es konnte dies wohl in den hieroglyphischen Listen geschehen, wo das zugehörige Sternbild vorher oder bald darauf genannt war, besonders in den späten Listen, wo man auch nur aus Bequemlichkeit oder Ungenauigkeit das Hauptzeichen zu wiederholen unterlassen konnte, aber nicht in der griechischen Liste, in welcher die fremden Namen conventionell festgestellt sein muſsten. Es wäre auch das einzige Beispiel der Art in der ganzen Liste. In der Silbe -αρ, -ααρ, -ορ scheint vielmehr der Name des Sternbildes

findet sich sogar im Namen des Gestirns vollständig ausgeschrieben im Todtenbuche Kapitel 64, 12: [hieroglyphs] „die beiden Arme des *Sahu*". Ebendaselbst K. 17, 52 werden die Augenbrauen eines Gottes mit den „Armen der Wage" verglichen, welche [hieroglyphs] *remen-men* (¹) *maχi*, in andern Stellen [hieroglyphs] (²), *remen-u maχa*, genannt werden. Die Vergleichung lehrt, daſs hier wieder vornehmlich der Querbalken, gleichsam die Oberarme der Wage zu verstehen sind. Die phonetische Gruppe ist aber weggelassen in demselben Texte des Alten Reichs auf dem Sarkophage des *Sebák-ḋa* zu Berlin, wo statt dessen nur die Vogelbeine [hieroglyph] stehen, welche demnach für sich allein *remen-ui* zu lesen sind.

zu liegen. Dieses heiſst in den älteren Listen [hieroglyph], das ist *Sahu*. In den Ptolemäischen Listen aber, auf welche nachweislich und sehr begreiflich die Griechische Namensliste allein zurückgeht, verschwindet die Gruppe *Sahu* gänzlich. Statt ihrer tritt in *Edfu* (Brugsch, Mon. pl. VII. VIII. X) und in *Dendera* (Chronol. I, p. 69) hinter dem oberen und dem untern Arme der Dekan [hieroglyph], *Uār*, auf, der auf den älteren Denkmälern unbekannt ist. Da es nun wohl nicht zweifelhaft ist, daſs der altägyptische *Sahu*, der als ein laufender Mann dargestellt wird, welcher einen oder noch beide Arme erhebt, mit rückwärts gewendetem Gesichte, und eine groſse Gestalt gewesen sein muſs, da er sich über 5 Dekane erstreckte, dem *Orion* des Griechischen Himmels, der als ein riesiger Jäger vorgestellt wurde, entsprach, so liegt die Vermuthung nicht allzufern, daſs das Sternbild in Griechischer Zeit selbst den Griechischen Namen erhielt, wie ja auch die Griechischen Zodiakalbilder in den Aegyptischen Himmel aufgenommen wurden, und sich auch andere noch wesentlichere Einflüsse der Griechischen Anschauung auf die Aegyptische Lehre nachweisen lassen (s. meine Abh. über die Götter der Elemente). Der Name Ὀρίων, Ὠαρίων (Pindar) würde dann selbst wieder zu *Uār*, Οὐάρ, Ὀρ, ägyptisirt worden sein. Man könnte allerdings daran denken, daſs das dem Orion vorausgehende Sternbild [hieroglyph], *Árt*, [hieroglyph], *Aār*, etwa in dem spätern *Uār* wieder auftauchte, um so mehr, da sich in einer Liste (Brugsch, Rec. p. X) zu *Edfu* auch in der früheren Gruppe [hieroglyph], *Uār*, geschrieben findet; und ebenso in dem Papyrus Goodwin sich der Name Αρου an beiden Stellen wiederholt. Doch spricht dagegen die verschiedene Schreibart in *Dendera* [hieroglyph] und [hieroglyph], und bei Hephaestion, welcher Ἐρῶ und Οὐάρι schreibt. Da man erst später beide Sternbilder verwechselt haben könnte, so wird der Zweifel endgültig wohl nur gelöst werden können, wenn sich etwa ein Ptolemäisches Denkmal finde, auf welchem neben der Gestalt des Orion entweder der Name *Sahu* oder *Uār* gefunden würde.

(¹) Eine beachtenswerthe Dualform, wenn der Schreiber correkt schrieb.
(²) K. 71, 11.

Wir sind hiernach berechtigt dasselbe Zeichen auch auf den Mafsstäben *remen* zu lesen. Die ursprüngliche Bedeutung des Oberarms weist aber darauf hin, dafs von diesem auch das Mafs von 5 Palmen hergenommen war. Und in der That stimmt dieses sehr gut zusammen mit dem Mafs von der Schulter bis zum Ellenbogen, welches in der Natur, und ebenso in den altägyptischen Bildern und Statuen ungefähr um 1 Handbreite kürzer ist, als die Elle vom Ellbogen bis zur Spitze des Mittelfingers. Dies bestätigen die genaueren Zeichnungen aus allen Zeiten, während die griechische Angabe vom natürlichen Mafse des πυγών auf die ägyptischen Zeichnungen nicht pafst; denn hier würden die 5 Palmen vom Ellbogen nach der Hand zu gemessen in der Regel nur bis zu den ersten Knöcheln führen, bis zu welchen nach später griechischer Angabe die 18 Daktylen der πυγμή gerechnet wurden. Ein wirklicher Gebrauch der πυγμή als bestimmtes Mafs läfst sich nirgends nachweisen; er ist nur von den Πυγμαῖοι her, denen man später 3 Spithamen Länge gab, erschlossen worden. Auch ist es an sich durchaus unwahrscheinlich, dafs man in alter Zeit eine besondere Bezeichnung für ein Mafs von 4½ Palmen gehabt haben sollte. War es ein Mafs, so wird es vielmehr dem πυγών oder dem πούς gleich gewesen sein; erst später suchte man für das Wort eine von beiden verschiedene Länge.

Es folgt die Unterabtheilung von 4 Palmen, welche durch ␣ bezeichnet wird. Dieses Zeichen scheint ursprünglich *ser* oder *ser* gelautet zu haben nach den Varianten in den Opferlisten des Alten Reichs Denkm. II, 147: ␣; II, 92: ␣; II, 35. 58: ␣; II, 28. 260: ␣. Hiermit sind auch im Neuen Reiche die Doppelinschriften in den Königsgräbern zu vergleichen, wo sich gleichgestellt finden, im Grabe *Sethos* I ␣ und ␣; im Grabe *Ramses* VI: ␣ und ␣, so wie ␣ und ␣ (Denkm. III, 224, *f*). In andern Fällen ist die Aussprache *ser* für dasselbe Zeichen nicht zu verkennen, wie auf den Obelisken von *Luqsor* ([1]): ␣, in einer Legende zu *Abydos*, wo *Osiris* genannt wird ␣. Die gewöhnlichste Schreibung ist ␣, woraus nicht mit Sicherheit zu erkennen ist, ob *tser* oder *ser* zu lesen ist. Was aber die eigentliche Bedeutung dieses Wortes ist, namentlich als Mafsbezeichnung, bleibt noch dunkel; das Koptische giebt, so viel ich sehe,

---

([1]) Champ. Mon. pl. 321.

keinen sichern Anhalt, weder für die eine noch für die andre Lesung. Das Mafs betrug jedenfalls 4 Palmen, also ⅔ der kleinen Elle. Das ist in allen späteren Mafssystemen die Länge des Fufses. Dafs in dem Zeichen ⌣ ein Wort für den Fufs, oder eine Hindeutung auf das Fufsmafs liegen sollte, ist nicht glaublich. Wir kennen den Namen des Fufses; dieser war hieroglyphisch ⊆ 𝄞 ⁇, auch ohne phonetische Gruppe 𝄞 ⁇ ᴸ(¹), *rat*, fem., kopt. ᴘᴀᴛ, *pes* (im Gegensatz zu 🁢, ⁇ *pat*, welches das Bein vom Knie abwärts, und ⊆ 𝄞 ⁇, *men*, welches das Oberbein, den Schenkel, bedeutet); ebenso den Namen der Fufssohle, welche, wie die Sandale, ○ 𝄞⁇, *teb*, hiefs. Dagegen weist ⌣, wenn das Zeichen ursprünglich eine mehr figurative Bedeutung hatte, vielmehr auf ein Mafs am Arme hin, z. B. vom Ellbogen bis zum Ballen des Daumen oder bis zur Handwurzel. Wie dem nun auch sei, so ist es doch immer bemerkenswerth, dafs sowohl Zeichen als Wort den Fufs geradezu ausschliefsen. Dazu stimmt, dafs wir im altägyptischen und vielleicht auch in den asiatischen Systemen, das Fufsmafs entweder nie oder doch sehr selten angewendet finden. Die regelmäfsige Skala war Elle, Palm und Finger, denen zuweilen noch die halbe Elle oder Spithame zugefügt wird. Herodot (2, 149) erwähnt zwar bei Gelegenheit einer Aegyptischen Messung nach Orgyien, auch des Fufses, der 6 mal in der Orgyie enthalten und 4 Palmen gleich sei, doch bedient er sich durchgängig der griechischen Ausdrücke, die allerdings der Eintheilung des Systems nach ebensowohl auf die Aegyptischen Mafse pafsten. Das Mafs ⌣ war jedenfalls von seltenem Gebrauche; in Inschriften ist es noch nicht aufgefunden worden, während sowohl 4 als 5 Palmen in Berechnungen nach Ellen vorkommen.

Es folgt die Spithame oder halbe Elle; zunächst die grofse Spithame ⌐ ⌢ von 3½ Palm, als Hälfte der königlichen Elle, dann die kleine Spithame ⌐ ⌢ von 3 Palm, als Hälfte der kleinen Elle. Das griechische σπιθαμή ist von στίζω = ἱκτείνω abgeleitet, wie die „Spanne" der Hand vom Ausspannen derselben. Ebenso zeigt schon das hieroglyphische Zeichen der ausgespannten Vogelkralle ⌐, dafs das ägyptische Mafs gleichfalls vom Spannen der Hand hergenommen ist. Wir besitzen noch das koptische Wort dafür ⲉⲣⲧⲱ oder ⲉⲣⲧⲱⲛ, ✝, welches von Tattam und Andern die ihm gefolgt sind, nach der lateinischen Vulgata unrichtig durch *palmus*,

---

(¹) Todtb. 125, 59. 60.

mensura quatuor digitorum wiedergegeben wird, statt durch *spithama* oder *dodrans* d. h. ¾ Fuſs (¹). Es entspricht dem hebräischen זרת, welches auch lautlich mit τ-ερτω zusammengestellt worden ist. Leider ist die phonetische Gruppe für 𐊗 noch nicht gefunden. Vorläufig ist es daher am wahrscheinlichsten, daſs sie dem koptischen Worte entsprach. Denn daſs ερτω aus dem Semitischen Maſssysteme herübergenommen und aus זרת entstanden sein sollte, ist unglaublich, da das Maſs, wie die Ellen lehren, ein altägyptsches war und zur Vertauschung seiner Bezeichnung mit einem semitischen Worte ebenso wenig ein Grund abzusehen ist, wie zu einer späteren Veränderung der Benennung überhaupt. Es ist zwar aufgestellt worden, daſs 𐊗, wie aus der Variante 𐊗 = ⌂⌂ 𐊗 = ⌂ in einem Völkernamen hervorgehe, die Aussprache *pud* oder *put* gehabt habe und mit dem koptischen пат, *pes*, eins sei (²), woraus dann weiter geschlossen worden ist(³), daſs im Aegyptischen Maſssysteme der Fuſs als halbe Elle der griechischen Spithame entsprochen habe; indessen wird gerade in jener früh und spät häufig wiederkehrenden Völkerliste ⌂ und 𐊗 so streng in verschiedenen Namen ohne Wechsel auseinandergehalten, daſs eine lautliche Identität nicht wohl anzunehmen ist. Auch steht die Lautung der Hieroglyphe ⌂ noch keineswegs fest, und der wirkliche Bogen, wo er abgebildet wird, heiſst öfter 𐊗 *an* als ⌂, *pet*. Die Gruppe ⌂ ⌂ ist meines Wissens noch nicht gefunden worden, sondern nur ⌂ ⌂, wie auch ⌂ allein häufig für *pet* gebraucht wird. Ferner würde in einer Gruppe ⌂ 𐊗 = ⌂ 𐊗 das ideographische Zeichen des Bogens nicht als phonetische Aussprache für 𐊗 dienen können. Wir haben daher ⌂ in Verbindung oder im Wechsel mit 𐊗 in jenen späten Inschriften wohl nur als Ungenauigkeiten und Verschreibungen anzusehen. Auch ist die Vergleichung mit пат, *pes*, welches hieroglyphisch ⌂ ⌂ ⌂ oder ⌂ ⌂, aber nie mit der Vogelkralle geschrieben wird, hier um so weniger statthaft, da *pat* nicht den Fuſs, sondern das untere Bein vom Knie abwärts bezeichnet. Man würde zur Bezeichnung des Fuſses als Maſs nur ⌂ ⌂ ⌂ *rat*, kopt. ⲣⲁⲧ, ⲟⲩⲉⲣⲏⲧⲉ haben wählen können, welches lautlich in der That leicht genug mit ερτω zusammenzubringen wäre.

(¹) *Palmus* oder *palma* wurde in späterer Zeit, und so in der Vulgata auch für *spithama* gebraucht; s. Hultsch p. 60.
(²) Aegypt. Zeitschrift 1863. p. 53.
(³) Zeitschrift 1864. p. 42.

Aber auch diese Vergleichung würde zu verwerfen sein, weil in den alten Mafssystemen der Fufs nie die Hälfte, sondern ⅔ der Elle war. Auch weist, wie schon bemerkt, die Hieroglyphe 𐤍 selbst auf die Spanne der Hand hin.

Über das nun folgende Mafs von 2 Palm, ausgedrückt durch zwei Hände, deren jede nur 4 Finger zeigt, ist schon oben gesprochen. Im griechischen System wird hier von Heron die ἀρχάς, „die Hälfte", nämlich des Fufses genannt, die aber im Gebrauche so wenig nachzuweisen ist, wie das ägyptische Mafs. Es ist begreiflich, dafs für das System selbst eine gröfsere Vollständigkeit der Bezeichnungen aufgenommen wurde, als für das gewöhnliche Leben eigentlich nothwendig gewesen wäre.

Eben so wenig dürften die beiden nächst niedrigeren Mafse ◯ von 6, und ⬧ von 5 Daktylen im Gebrauche gewesen sein, und es ist daher vergeblich sich nach den phonetischen Ausdrücken dafür umzusehen. Für ◯ ist die Lesung *kap* angenommen, und die Gruppe 𓎡𓊪 ◯ dafür angeführt worden. Mir ist diese Gruppe nicht vorgekommen, sondern nur 𓎡𓊪([1]) oder 𓎡𓊪, auch ⌇ 𓂡, oder 𓎡𓊪 geschrieben([2]) und dieses ist nicht die geschlossene Faust, sondern vielmehr die ungeschlossene, in den angeführten Beispielen die abgehauene, Hand. Champollion([3]) findet in *kap* das Koptische ϣⲱⲛ (vielmehr ϣⲟⲛ, ✝), *paume de la main*. Doch wäre der Übergang von ⌇ zu ϣ kein regelmäfsiger. Vielmehr haben wir damit das von Brugsch richtig angeführte ⲥⲟⲛ, ⲛ, *planta pedis*, *ungula* zusammen zu stellen; dies hat aber eben nichts mit der Faust zu thun, sondern geht ohne Zweifel auf die ursprüngliche Bedeutung *vola* zurück, welches sowohl *vola manus* als *vola pedis* sein konnte, von ⲥⲟⲛ, *capere*, weil man mit der innern Hand greift. Brugsch giebt 𓎡 als ein Femininum; es war aber gewifs, wie das Koptische ⲥⲟⲛ, maskulinisch; sonst würde das weibliche ◯ nicht überall fehlen. 𓎡 𓊪 ist vollständig *vola manus*, für die nach innen gekrümmte Hand überhaupt, und wenn Denkm. III, 199, a, 10 auch 𓊪 geschrieben ist, so scheint dies nur ein

---
([1]) Champ. *Mon.* pl. 206. – Ros. Mon. St. 135. Die Zeichnung ist in beiden Werken nicht genau wiedergegeben, sie ist so, wie sie hier im Text gegeben ist.
([2]) Denkm. III, 199, a, 3. 11. 13.
([3]) Gramm. p. 93.

Fehler zu sein statt ⟨hieroglyph⟩ oder ⟨hieroglyph⟩ wie a, 11 (¹). Die Faust kommt nach Champollion (²) ideographisch als Femininum vor, ⟨hieroglyph⟩; mir ist sie nur als Determinativ der Gruppe ⟨hieroglyph⟩ bekannt, χefā, welches mit ⳓⲱϧⲉ, π, *pugillus, pugnus*, zusammen zu stellen ist, wenn letztere Bedeutung sicher steht. Hieroglyphisch ist mir die häufige Gruppe χefā nur in der symbolischen Bedeutung „Gewalt, Herrschaft", oder als Zeitwort „vergewaltigen, bezwingen" vorgekommen (³). Wenn wir aber auch wirklich die Faust χefā zu lesen hätten oder ein anderes Wort dafür fänden, so würden wir dieses dennoch nicht auf unser Mafszeichen auf der Elle anwenden dürfen, weil dieses keineswegs eine geballte Faust bedeuten soll, sondern den ausgestreckten Daum der zweiten Hand, als sechsten Finger, der selbst wieder die 6 Finger oder 1½ Palm andeuten soll, ein Maſs, dessen Wort offenbar nichts mit der Faust zu thun haben konnte. Dieses Wort bleibt also unbekannt, ist auch von wenig Nutzen, weil man gemeiniglich dafür 1 Palm 2 Finger zu sagen pflegte. Eher wäre es denkbar, daſs man die volle Hand ⟨hieroglyph⟩, *tot*, für 5 Finger gesagt habe, obgleich auch dieses als besonderes Maſs, auſser etwa im geschriebenen System, wie auf der Elle selbst, schwerlich jemals im Gebrauche gefunden wird.

Anders ist es mit der Handbreite zu 4 Fingern, ⟨hieroglyph⟩, welche im 4ten Felde von links figürlich dargestellt ist. Auch diese ist zwar bis jetzt auf andern Denkmälern als den Ellen selbst noch nicht gefunden worden; der Palm zu 4 Fingern war aber die regelmäſsige Unterabtheilung der Elle und im gewöhnlichen Gebrauch beschränkten sich die Maſsangaben auf Ellen, Palmen und Finger. Für den Palm war daher auch eine bestimmte Wortbezeichnung durchaus nöthig, und es ist wohl kein Zweifel, daſs das koptische Wort ϣⲟⲛ auch die Lautung des hieroglyphischen Zeichens ⟨hieroglyph⟩ war, wie bereits Champollion (⁴) annahm. Hiermit ist nicht die „empfangende Hand" ⟨hieroglyph⟩ zu verwechseln, welche *ſop*, ϣⲱⲛ, *accipere, recipere*, bedeutet, obgleich die Wurzel ursprünglich ohne Zweifel dieselbe war. Die Handbreite konnte von der empfangenden Hand benannt werden, weil bei beiden

---

(¹) Ebenso auch wohl ⟨hieroglyph⟩ Denkm. III, 12, d, 10. 14. 17. 26.
(²) Gramm. p. 93.
(³) Todtb. c. 28, 5. 31, 10. 32, 8. 42, 10. 21. Birch bei Bunsen, *Eg. Place* vol. I, p. 512 liest die Faust auf der Elle *k/a*, doch ohne eine Autorität für die Lesung anzugeben.
(⁴) *Dict. hiérogl.*

die ausgestreckten Finger eng zusammengehalten werden. Dieselbe Vergleichung findet sich in der Griechischen Sprache, wo statt παλαιστής, παλαιστή auch δοχμή, δακτυλοδόχμη, und, "*quod manerum datio semper geritur per manus palmam*" wie Vitruv erklärt, auch δῶρον gesagt wurde ([1]). Stellen über die Leutung dieser Hand *šop*, ☞ ([2]), 🖐 ([3]), 🖐 ([4]) und über die Variante 🖐 ([5]), hat Brugsch ([6]) beigebracht; doch ist die Verwechselung von ⇔, mit der gespreizten Hand ⇔, die er den modernen Kopisten zuschreibt, nicht nachgewiesen worden. In den von ihm angeführten Stellen steht vielmehr nicht die gespreizte Hand, sondern die empfangende Hand, die ursprünglich vielleicht gebogener dargestellt sein sollte, dann aber in griechischer und römischer Zeit von der gewöhnlichen Handform ⇔ meist nicht mehr unterschieden wurde. Eine verschiedene Darstellung ist allerdings auf dem späten Sarkophagdeckel, den Brugsch ([7]) mittheilt; aber auch diese soll keine gespreizte, sondern eine zum Empfange gebogene Hand sein. Daß hier neben dem Daum nur 3 Finger zu sehen sind, ist wohl nur Zufall ohne Bedeutung. Die gespreizte Hand würde sich auch nimmer für den Begriff des Empfangens gut geeignet haben, sondern eher ein Symbol der Verweigerung abgegeben haben, und würde noch weniger zur Darstellung des Palm gepaßt haben, weil sie nothwendig fünf Finger zeigt, der Palm aber wesentlich nur aus vier Fingern, und zwar aus 4 zusammengehaltenen Fingern besteht. Endlich findet sich ja die fünffingrige Hand auf den Ellen selbst, und eben nicht als Palm, sondern als Maß von 5 Fingern. Das deutliche Hervortreten des Daumen in den angeführten Gruppen ⇔ *šop* oder ⇔ *s-šop* schließt aber auch diese Form der Hand von der Bedeutung des Palm aus, weil der Palm, wie es auch auf den Ellen geschieht, ohne Daum erscheinen muß. Die einzige Form, die wir bis jetzt für den Palm in andern Inschriften als auf den Ellen kennen, ist der etwas gekrümmte Strich ⌒. So erscheint der Palm in den von

---

([1]) Hultsch p. 33.
([2]) Denkm. IV, 9, a.
([3]) IV, 60, b.
([4]) Königsbuch no. 720, B.
([5]) Denkm. IV, 21, d.
([6]) Zeitschr. 1861, p. 42.
([7]) Rosell, pl. XVII, Mittelstreif.

Brugsch angeführten Stellen aus Ptolemäerzeit, ebenso aber bereits im Alten Reich in den Aufschriften der Pyramidenblöcke, die ich oben (p. 12) angeführt habe, und auf den Ellen selbst, die in die ersten Dynastieen des Neuen Reichs zurückgehen; ebenso endlich auch in den hieratischen Inschriften des Papyrus von Turin, dessen auch schon oben gedacht ist. In den letzteren steht über dem Strich ein Punkt ___, der gelegentlich bis zum Striche herabgezogen ist, so dafs das Zeichen der hieratischen Form der gewöhnlichen Hand ___ sehr ähnlich wird, wo der obere Ansatz dem Daumen der Hand ⊂⊃ entspricht. Diese Herleitung des hieratischen Zeichens ist aber nicht richtig, sondern der Punkt ist, wie bei manchen andern hieratischen Zeichen, nur als diakritische Zuthat anzusehn, um den Strich ⌒ von andern ähnlichen Strichen als Zeichen des Palm zu unterscheiden. Die Hand selbst kommt in demselben hieratischen Inschriften vor, ist dann aber in der gewöhnlichen Weise geschrieben. Was nun aber diesen Palm-Strich ⌒ oder — selbst betrifft, so halte ich ihn dennoch nur für eine sehr frühe Abkürzung, sei es der vierfingerigen Hand ⊂⊃, sei es, was vielleicht noch mehr für sich hat, der 4 aufrecht stehenden Finger ⁜⁜⁜⁜. Denn die Finger erscheinen leicht, wie selbst auf mehreren Ellen, nur als 4 Striche IIII, und diese wurden auch in andern Fällen nicht selten in einem Querstrich zusammengezogen, z. B. in den hieratischen Zahlzeichen selbst, wo ⇛ 8 aus ⁜⁜⁜⁜ zweimal 4, ⌐⏌ 7 aus ⁜⁜⁜ 4 und 3, ⌐ 5 aus IIII 4 und 1 gebildet sind. Es ist daher nicht unwahrscheinlich, dafs das Wort *top*, ⵣⵣⵣ, *palma*, die flache zusammengehaltene Hand (als Zeitwort *accipere*, ⵣⵣⵣ) in der Sprache auf die Handbreite, παλαιστής, *palmus*, ganz unabhängig von den 4 oder 5 Fingern, übertragen wurde, dafs jedoch in dem ausgebildeten Mafssystems, in welchem der *palmus* nur 4 Finger Breite hatte, diese ursprünglich auch durch 4 Finger IIII schriftlich dargestellt wurde. Diese 4 Finger oder Striche wurden bereits in frühster Zeit für gewöhnlich nach hieratischer Weise zu ⌒ zusammengezogen, auf den Ellen aber ausnahmsweise in dem hieroglyphischen Zeichen der daumlosen Hand ⊂⊃ vereinigt, ebenso wie die Zeichen ⊂⊃ und ▷ für fünf und sechs Finger, und 𓂝 für zwei Palm, sich gleichfalls schwerlich anderswo als auf den Ellen finden werden. Für diese Ansicht scheint mir vorzüglich auch der Umstand zu sprechen, dafs auf den Ellen selbst zwar in der Reihe der Theilgruppen der Palm durch ⊂⊃ ausgedrückt ist, in der Zählung der einzelnen Palmen aber, wenn die davon gegebene

Erklärung richtig ist, die verkürzte Form ⌒ bereits daneben angewendet wird, weil sie hier Rechnungszeichen ist. Die vierfingerige Hand ▰ würde daher zwar in einem anspruchsvollen hieroglyphischen Texte gelegentlich gefunden, im gewöhnlichen Gebrauch aber schwerlich nachgewiesen werden können, der sich vielmehr der Abkürzung ⌒ von Alters her durch alle Zeiten bediente.

Der Finger, ⎜, die kleinste Maſseinheit, lautete bekanntlich *teb* ([1]), koptisch ⲧⲏⲃⲉ, ⲛⲓ, *digitus*, dessen phonetische Schreibung ⎜⎟ ⊤, *tebā*, von Brugsch in einer Stelle nachgewiesen worden ist, die sich Denkm. IV, 48 publicirt findet. Das Maſs von 2 und von 3 Fingerbreiten wird durch 2 und 3 Finger bezeichnet, wofür ebensowenig besondere Worte üblich gewesen sein werden, wie für 5, 6 und 8 Finger.

Hiermit sind die auf den Ellen verzeichneten Unterabtheilungen erschöpft. Ihre Übersicht ist die folgende:

⎜ ⌐ ▬, *Mahi suten*, „die königliche Elle", d. i. die groſse Elle von 7 Palmen oder 28 Fingern der kleinen Elle.

▬ ⌐, *Mahi nets*, „die kleine Elle", von 6 Palmen oder 24 Fingern.

⌐, *Remen*, entsprechend dem griechischen πυγών, von 5 Palmen oder 20 Fingern.

⌣, *Ser* (oder *seser*), dem griech. Fuſs entsprechend, ⅔ der kleinen Elle, d. i. 4 Palmen oder 16 Finger.

⏊, *Erto* (?) *āa*, „die groſse Spanne", σπιθαμή, ½ groſse Elle, 3½ Palmen oder 14 Finger.

⏊ ⌐, *Erto nets*, „die kleine Spanne", ½ kleine Elle, 3 Palmen oder 12 Finger.

▦, 2 Palmen oder 8 Finger, wahrscheinlich ohne besondern Namen.

▭, 1½ Palmen oder 6 Finger.

▰, 5 Finger.

▰, *ſop*, „die Handbreite", d. i. 1 Palm oder 4 Finger, in der Regel ⌒ geschrieben.

([1]) Wegen derselben Wurzelconsonanten bezeichnete der Finger auch die Zahl 10,000, kopt. ⲧⲃⲁ; mit dem Determinativ der Sonne ⎜⊙ die Stunde, woher vielleicht das koptische ⲁⲩ, ⲟⲩⲛ, ϯ, *hora*. Nach Horap. 2, 6 bezeichnete der Finger auch den Magus: ἀνθρώπου στόμαχον δηλοῖ δάκτυλος, vielleicht mit dem koptischen ⲧⲏⲃⲉ, ⲧⲱⲃⲓ, *receptaculum*, zusammenzustellen.

}}}, 3 Fingerbreiten.
}}, 2 Fingerbreiten.
}, *Teba*, „die Fingerbreite", δάκτυλος.
⊂, ½ Finger,
⌐, ⅓ Finger,
𝍤, ¼ Finger u. s. w. bis
𝍤, ⅟₁₆ Finger.

Es bleibt nun noch übrig das Verhältniſs der groſsen zur kleinen Elle nochmals ins Auge zu faſsen, wobei sich mehrere ungelöste Bedenken aufdrängen. Zwei Ellen, welche anerkannt neben einander bestehen, müssen einen verschiedenen Ursprung oder einen verschiedenen Zweck gehabt haben. Worin kann die eine oder die andere dieser Verschiedenheiten bestanden haben? Es wird ferner, seit der Entdeckung der alten Maſsstäbe, allgemein angenommen, daſs die groſse Elle in 7 Palmen getheilt war. Woher diese unnatürliche und ungeschickte Eintheilung, welche keine einzige Unterabtheilung zwischen der ganzen Elle und dem Palm erlaubte ohne mit dem Palm selbst in die Brüche zu kommen? denn selbst die halbe Elle oder Spithame besteht danach aus 3½ Palm. Ist es wahrscheinlich, daſs der Baumeister jenes Pyramidengrabes, dessen oben Erwähnung geschah, unter den 3 Ellen 2 Palmen ein Maſs von 3 und ²⁄₇ Ellen verstand?

Mir scheint die Annahme ungleich wahrscheinlicher zu sein, daſs nicht nur die kleine Elle, sondern daſs auch die groſse oder königliche Elle nur in sechs Palmen getheilt war. Es ist dies, wie schon die obigen Fragen zeigen, so sehr die natürliche Voraussetzung, daſs unwiderlegliche Gründe müſsten dagegen geltend gemacht werden können, um sie fallen zu lassen. Der Hauptgrund für die gegentheilige Annahme lag ohne Zweifel in der Eintheilung der aufgefundenen Maſsstäbe selbst. Dieser schien zwingend, obgleich kein einziger der alten Schriftsteller einer siebengetheilten Elle Erwähnung thut, sondern im Gegentheil Herodot in der bekannten Stelle über die ägyptischen Maſse nur eine Elle von 6 Palmen nennt und also wohl auch nur eine solche kannte, da die Eintheilung in 7 Palmen wohl so auffallend gewesen wäre, daſs er sie unter den Eigenheiten der Aegypter mit aufgeführt haben würde, wenn er davon Kenntniſs gehabt hätte. Von der späteren Ptolemäischen Elle, welche gleichfalls die königliche hiefs(¹) und der altägyptischen königlichen an Länge gleich war, wissen wir ausdrücklich, und es wird von niemand bezweifelt, dafs sie in 6 Palmen getheilt war; denn Didymus (²) sagt von der grofsen Elle, deren Fufs der „Ptolemäische" hiefs: ὁ πῆχυς ἔχει παλαιστὰς ϛ', δακτύλους κδ', πόδα πτολεμαϊκὸν α' ⅓, Ῥωμαϊκὸν δὲ πόδα α' ⅓ ε" ι" (d. i. 1⅓ Römische Fufs). Wäre nun die Eintheilung dieser Elle in 6 Palmen erst von den Ptolemäern eingeführt worden, wie man annimmt (³) so wäre es doch wunderbar, dafs diese durchgreifende Veränderung sämmtlicher Unterabtheilungen der Elle bis zum Daktylus hinab, von niemand als solche berichtet worden wäre. Ja es ist überhaupt unglaublich, dafs die Ptolemäer, welche principmäfsig jede unnöthige Veränderung in den Einrichtungen und Sitten der Aegypter vermieden, eine solche den allgemeinen Volksgebrauch ebenso eingreifend als unnöthig verletzende Anordnung sollten eingeführt haben, die weder mit einem der beiden altägyptischen noch mit dem griechischen Mafssysteme übereinstimmte, sondern von der alten königlichen Elle nur die absolute Länge, von der kleineren und und der griechischen die Eintheilung hernahm. War aber die alte königliche Elle schon in 6 Palm und 24 Finger abgetheilt, so behielt man eben das ganze System nach Namen, Länge und Eintheilung bei. Dafs man aber den Fufs dieses Systems noch besonders den Ptolemäischen nannte, spricht nicht nur nicht dagegen, sondern ist ein neuer Fingerzeig dafür, dafs alles Übrige beim Alten blieb. Denn auf den Fufs bezog sich die einzige Neuerung des Ptolemäischen Systems, nicht in Bezug auf sein Mafs, dieses blieb wie früher ⅓ der Elle, aber in Bezug auf Namen und Anwendung. Wir haben oben gesehen, dafs der Name für die Länge von 4 Palmen nicht vom Fufse hergenommen war, und der wirkliche Gebrauch des Mafses Ser läfst sich nirgends nachweisen und scheint jedenfalls auf ein Minimum, vielleicht im Wesentlichen nur auf die Vervollständigung des Systems, das auf den Mafsstäben verewigt wurde, beschränkt gewesen zu sein. Im Griechischen Systeme aber war Mafs und Name vom Fufse hergenommen und lag, wie

---

(¹) So wird sie von Didymus genannt, s. Hultsch, *Heronis Alexandrini Geometricorum et Stereom. Rel.* Berol. 1864, p. 241, c. 20.
(²) Ibid. c. 12.
(³) S. Böckh, Metrol. p. 217. Fenner v. Fenneberg, Untersuch. über die Längenmafse etc. p. 68. Hultsch, Metrol. p. 280.

dem Olympischen und allen andern so auch dem ganzen Systeme selbst zum Grunde, ebenso wie dem Aegyptischen und wohl auch den Asiatischen Systemen die Elle. Dieser Umstand war es, der die Griechen nöthigte, in das Aegyptische System ihren Fuſs einzuführen und natürlich auf die ⅔ Elle, den „groſsen *Ser*", der auf keinem Maſsstabe erscheint, zu übertragen. Dieser gegen den griechischen längere Aegyptische Fuſs muſste nun von jenem besonders unterschieden werden und wurde der Ptolemäische genannt, nicht der Aegyptische, weil die Aegypter das Fuſsmaſs in der Rechnung überhaupt nicht kannten. Identisch mit dem Ptolemäischen war der Philetärische Fuſs, der seinen Namen, wie ohne Zweifel von Ideler, Böckh, u. A. richtig angenommen worden ist, obgleich es von Hultsch noch beanstandet wird ([1]), von dem Gründer des Pergamenischen Reichs erhielt. Wahrscheinlich wurde diese Bezeichnung ganz aus demselben Grunde in Pergamum und von da aus weiter aufgenommen, weil der groſse Fuſs auch dort in das dem Aegyptischen gleiche königlich Persische Ellensystem als übliches Grundmaſs eingeführt und hinfort nach griechischer Weise benannt und gehandhabt wurde, daher auch seinerseits von dem kleineren Griechischen Fuſse unterschieden werden muſste. Die Einführung geschah wohl ungefähr gleichzeitig durch Philetairos in Pergamum und seinen Zeitgenossen Ptolemaeus Philadelphus in Aegypten; dies würde wenigstens auch besser das Schwanken zwischen den beiden Bezeichnungen bei den Griechen erklären.

Die Eintheilung der alten Maſsstäbe scheint nun allerdings diesen allgemeinen Erwägungen und den Angaben der Schriftsteller zu widersprechen; denn hier sind 28 Finger unterschieden. Indessen liegt doch darin nur ein sehr oberflächlicher Einwand. Da, wie die Inschriften lehren, auf den Maſsstäben sowohl die groſse als die kleine Elle dargestellt werden sollte, und die kleine Elle welche ebenso wie die groſse aus 24 Dakylen bestand, sich zu dieser wie 6:7, also auch wie 24:28 verhielt, so erklärt sich die Gesammteintheilung in 28 Finger ganz von selbst. Allerdings könnte zunächst jemand noch bezweifeln, ob das Verhältniſs von 6:7 genau war. Und in der That glaubte Jomard, daſs das Verhältniſs vielmehr wie 24:27 ge-

---

([1]) Hultsch, Metrol. p. 267. 281, meint Philetairos könnte der Name des Mannes gewesen sein, der im Auftrage des Ptolemaeus das neue System berechnete und einführte.

wesen sei, und Böckh (¹), sucht ausdrücklich nachzuweisen, dafs das Verhältnifs nicht das einfache von 6:7, sondern ein irrationales, geschichtlich gegebenes von 24:27.473 gewesen sei, indem er von der Annahme ausgeht, dafs das Mafs der grofsen Aegyptischen Elle durch den Nilmesser von Elephantine zu 0,627 (nach Girard) gegeben, das der kleinen aber als ungefähr der Griechischen gleich an den Monumenten von Jomard nachgewiesen worden, und genauer zu 0,469.3833 anzunehmen sei. Da er nun die grofse Elle in 28 Finger getheilt sein läfst, so sind ihm auch die Finger dieser grofsen Elle etwas kleiner als die Finger der kleinen Elle. Gleichwohl erkennt er einen Abschnitt auf dem Mafsstabe als Anfang der kleinen Elle an, sagt aber nicht, wie er sich das genaue Original der ungenau eingetheilten Mafsstabe construirt denkt; ob die 28 Theile gleich grofs sein und die 28 Finger der grofsen Elle anzeigen sollten — dann konnte kein Theilungsstrich die Länge der kleinen Elle anzeigen; oder ob die aufgetragene kleine Elle in 24 Finger eingetheilt sein sollte — dann blieb ein irrationaler Theil bis zum Ende der grofsen Elle übrig, der weder in der kleinen noch in der grofsen Elle aufging, und die Finger der grofsen Elle waren dann gar nicht repräsentirt.

Diese, wie mir scheint, von Böckh nicht hinreichend gewürdigte Schwierigkeit, macht in der That seine Annahme geradezu unmöglich. Zwei Ellen, deren kleinere nicht in ihrem Ende mit einem Theilungsstrich der kleineren oder der gröfseren Finger zusammenfällt, können nur durch zwei, nicht durch eine Skala in ihren wesentlichen Theilen dargestellt werden. Da nun für uns die Grundannahme von Böckh, dafs nämlich eine der griechischen gleiche Elle durch Nachmessung an Monumenten nachgewiesen worden sei, unhaltbar geworden ist, so scheint mir die andre Annahme, welche Böckh selbst (p. 229) als die „einfachste" anerkennt, nämlich, dafs die kleinere Elle genau ⅚ der grofsen gewesen, die einzig zulässige zu sein.

Wie haben wir uns dann aber das genau construirte Original der aufgefundenen Mafsstäbe zu denken, wenn die grofse Elle 28 Finger der kleinen gleich kam, selbst aber, wie die kleine, in 24 Finger getheilt war, und

---

(¹) Metrol. p. 228 ff.

wie stimmen mit einem hiernach construirten Originale die Bezeichnungen auf den erhaltenen, wenn auch ungenau ausgeführten, Mafsstäben?

Auf diesen begegnen wir nicht allein der Bezeichnung „königliche" das ist „grofse Elle" und „kleine Elle", angewendet auf die ganze Länge einerseits und auf einen bestimmten, durch einen Daktylenstrich bezeichneten Abschnitt auf derselben andrerseits, sondern auch den Gruppen „Elle I" und „Elle II" als Beisatz zu den Bezeichnungen eines einzelnen Palm, welche in mehreren Daktylenfeldern wiederholt werden. Daraus geht ohne weiteres hervor, dafs die Palmen, folglich auch die Daktylen beider Ellen verschieden, und in ihrer Verschiedenheit auf den wirklichen Originalellen dargestellt waren. Hätte nun die grofse Elle 7 Palmen gehabt und 28 Finger, so wären ihre einzelnen Palmen und Finger eben nicht verschieden, sondern identisch gewesen mit denen der kleinen Elle. Die einzig denkbare Verschiedenheit ist aber die, welche durch die Eintheilung auch der grofsen Elle in 6 Palmen und 24 Finger entstand. Dann verhielten sich die Palmen und Finger der beiden Ellen wie die ganzen Ellen selbst zu einander, nämlich wie 6 : 7.

Wollte man nun, dies vorausgesetzt, beide Skalen so mit einander verbinden, dafs in einer Reihe die wesentlichen Theile beider enthalten waren, so konnte man nur so verfahren, wie wir es auf den beiden ältesten Ellen, den Drovetti'schen wirklich finden. Man schnitt auf dem Mafsstabe, dem man die Länge der grofsen Elle gab, von rechts her, also in der den Aegyptern geläufigen Richtung, den siebenten Theil durch einen Strich ab, und erhielt von diesem Striche an den neuen Anfang der kleinen Elle. Beide Ellen endigten demnach an demselben linken Ende des Mafsstabes, und die beiden getrennten Anfänge wurden als die der grofsen und der kleinen Elle hieroglyphisch bezeichnet. Zwischen beiden Anfängen lag $\frac{1}{4}$ der kleinen Elle, oder ein Palm, der daher auch nur in 4 kleine Finger abgetheilt werden konnte. Dieselbe Abtheilung in kleine Palmen und kleine Finger mufs man nothwendig auch wenigstens bis zum 15. Finger von rechts her fortgesetzt haben. Dies geht einleuchtend aus den Eintheilungen der darunter stehenden Reihe hervor, welche in den 15 ersten Feldern von rechts her von $\frac{1}{2}$ bis $\frac{1}{14}$ in regelmäfsigem Fortschritt immer feiner werden, und nur brauchbar sein konnten, wenn sie sich auf ein und dieselbe Einheit bezogen.

Bis dahin, oder um weniges weiter, geben auch die Palmbezeichnungen der Elle II in den einzelnen Feldern. In den folgenden Feldern wird nur immer „Elle II" wiederholt. Wollte man nun den Palm und die Finger der grofsen Elle verzeichnen, so konnte man dies offenbar nicht an demselben Ende des Mafsstabes, sondern nur am andern, linken Ende, thun. Hier finden wir auch in der That wiederum eine Palmbezeichnung verbunden mit der Gruppe „Elle I", also Palm und Finger der grofsen Elle ausdrücklich angemerkt. Hinter dem ersten Palm oder den 4 ersten Fingern der ersten oder grofsen Elle folgt im nächsten Felde eine grofse Zwei, nämlich zwei starke Striche, die offenbar den Übergang von der ersten zur zweiten Elle bezeichnen sollen, und von hier an erhält auch jedes Feld noch besonders die Zeichen „Elle II", jedoch ohne Palmbezeichnung. Hieraus müssen wir schliefsen, dafs nur dieser eine Palm mit seinen 4 Fingern der grofsen Elle entlehnt war; da aber der Strich zwischen dem 14. und 15. Felde von beiden Seiten her das Mafs der halben grofsen Elle, oder der grofsen Spithame, genau angab, wie sie auch als solche hieroglyphisch bezeichnet war, so enthielt der Mafsstab alle wesentlichen Theile der grofsen Elle: Spithame, Palm und Finger. Nur der Fufs, der Ptolemäische oder Philetärische, ist nicht vertreten, obgleich er im System so gut wie bei der kleinen Elle vorhanden sein mufste. Sein Anfang wäre nicht in einen Theilungsstrich, sondern in das Feld des 10. Fingers von rechts her gefallen. Seine Bezeichnung war nicht nöthig, weil, wie schon gesagt, nach Fufsen vor der Ptolemäischen Zeit nicht gerechnet wurde.

Wenn nun aber von links her 4 grofse Finger aufgetragen waren, und von rechts her kleine Finger, so mufste nothwendig in den auf die grofsen Finger folgenden Feldern eine Ausgleichung vorgenommen werden, indem soviel als der grofse Palm links gröfser war, als jeder der kleinen Palmen rechts davon, irgendwo wieder abgezogen werden mufste. Dieser Überschufs betrug fast ⅔ eines kleinen Daktylus, und hätte gleich dem fünften Felde von links her wieder abgezogen werden können. Dann wäre aber der Rest dieses Daktylus und der ganze Palm, zu dem er gehörte, gänzlich verstümmelt worden. Man vertheilte daher die Ausgleichung des Überschusses auf die beiden folgenden Palmen, so dafs jedem Daktylos vom 5. bis zum 12., von links her, $\frac{1}{15}$ abgezogen wurde. Wenigstens ist dies viel wahrscheinlicher, als dafs man, wie es auf der ersten Elle Drovetti angedeutet zu sein scheinen könnte, mit der Ausgleichung nur bis zum 11. Daktylos vorgegangen wäre. Denn das liegt wohl nahe, dafs man eben deshalb die nähere Bezeichnung des Palm nach rechts hin so weit unterdrückte, als die Ausgleichung ausgedehnt wurde, und als demnach die Palmen selbst ungenau wurden.

Die ganze Einrichtung machte auch diese beiden ungenauen Palmen so ziemlich überflüssig. Denn die kleine Elle von 6 Palmen mafs man vom Anfange des 6. Palm (von links her gezählt), den Pygon oder 5 Palm ebenso vom 5., den Fufs oder 4 Palmen ebenso vom 4., die Spithame oder 3 Palmen vom 3. Palm an bis zu Ende, nach Angabe der hieroglyphischen Gruppen. Das Mafs von 2 und von 1 Palm aber nahm man am rechten Ende der Elle, und selbst die Bezeichnung davon fehlte nicht, wenn, wie es nicht unwahrscheinlich ist, die Querstriche in der Reihe der Götternamen, die ohne Zweifel für die halben Palmen gesetzt wurden, ursprünglich auch auf die Trennungsstriche der grofsen Palmen gesetzt waren. Von rechts her konnte man die Palmen auch bis zum 4. fortzählen, nur beim 5. und 6. war man auf die hieroglyphischen Gruppen gewiesen, von denen bis zum linken Ende gemessen wurde. So waren die Unterabtheilungen der kleinen Elle nach allen 6 Palmen und allen 24 Fingern unmittelbar an den Mafsstäben mefsbar, und aufserdem konnte jedem Mafse noch ein Bruchtheil des Fingers bis zu $\frac{1}{15}$ besonders hinzugefügt oder abgezogen werden.

Die Unterabtheilungen der grofsen Elle dagegen, waren nur durch die Abschnitte von 1, 3 und 5 Palmen, und so, dafs nur ein Palm in 4 grofse Finger getheilt war, vertreten. Die Länge von 2 Palmen wäre leicht herzustellen gewesen, wenn man den Überschufs des grofsen Palm auf die nächsten 10 Felder gleichmäfsig vertheilt, oder — da man die unverkürzten kleinen Finger bis zum Ende des 16. Fingers von rechts her nöthig hatte, um die Spithame oder halbe Elle, nach ihrer Einordnung, darzustellen — wenn man den Überschufs auf die nächsten 8 Felder so vertheilt hätte, dafs den ersten 6 Feldern (von links her) $\frac{1}{10}$, den beiden letztern je $\frac{2}{10}$ des Überschusses genommen worden wären; denn dann würden die 5 verkürzten Finger 5-9 (von links her) gleich 4 grofsen Fingern gewesen sein, so dafs der Thei-

lungsstrich zwischen dem 9. und 10. Finger zugleich der Theilungsstrich
zwischen dem 2. und 3. grofsen Palm (von links her) gewesen wäre. Nur
die Länge von 4 Palmen, das ist die des Ptolemäischen Fufses wäre nicht
darstellbar gewesen. Da man aber, wie die Bezeichnungen lehren, auch
die Darstellung des 2. grofsen Palm aufgegeben und nur 4 grofse Finger aufgetragen, auch keine Bruchtheile der grofsen Finger angegeben hat, so erscheint die grofse Elle auf den Mafsstäben zwar in allen wesentlichen Theilen mefsbar, steht aber doch für den praktischen Gebrauch der Unterabtheilungen, der kleinen Elle entschieden nach.

Darin dürfte nun für uns ein Fingerzeig in Bezug auf die Bestimmung der beiden verschiedenen Ellen liegen. Hätte die grofse Elle
7 Palmen oder 28 Finger gehabt, so hätten alle, selbst die kleinsten Thei-
lungen der einen Elle auch für die andere gegolten. Man würde dann fragen
müssen, wozu man überhaupt zwei Ellen unterschied, eine grofse und eine
kleine, statt von 7 und von 6 Palmen der einen Elle zu sprechen, und
ebenso eine grofse und eine kleine Spithame, statt von $3\frac{1}{2}$ und von 3 Palmen
zu sprechen. Die Elle, nicht der Finger, auch nicht der Palm, war die
Einheit der Aegyptischen, wie der Fufs die Einheit der Griechischen und
Römischen Mafse. Wie nun bei den Aegyptern die Ellen, so waren bei
den Griechen die Fufse verschieden. Der Fufs des Olympischen Stadiums
war gröfser als der den andern Griechischen Stadien zum Grunde liegende,
und der Griechische Fufs war gröfser als der Römische; aber die Eintheilung eines jeden Fufses in 16 Fingerbreiten wechselte nicht, und ebensowenig die Anzahl der 600 Fufs, die man auf das Stadium rechnete. Ebenso
giebt es heutzutage viele verschiedene Ellen, die zuweilen sogar an einem
und demselben Orte gebraucht werden, aber die Eintheilung bleibt überall
dieselbe. Wo verschiedene Ellen nebeneinander in Gebrauch sind, sind sie
zuerst wohl immer von verschiedenen Orten aufgenommen und dann fort-
geführt worden. Eine Entstehung der Elle von 7 Palmen aus der von
6 Palmen, wie sie sich Girard[1] denkt, indem man zu der Zeit als man
noch mit dem Vorderarm selbst mafs, die Hand des andern Armes immer
dazwischen gelegt habe um genauer wieder anlegen zu können, ist bei eini-

---

[1] *Sur le nilomètre*, p. 26.

ger Überlegung unglaublich. Vielmehr dürfte auch hier die nächste Vermuthung sein, dafs beide Ellen, ursprünglich getrennt und verschiedenen Ursprungs, später zusammentrafen. In Aegypten würde man dabei immer zuerst an Unter- und Ober-Aegypten zu denken haben, die von Anfang durch alle Zeiten viel Verschiedenes hatten, das neben einander festgehalten wurde, sich aber gegenseitig beschränkte. Angenommen, dafs die kleine Elle ursprünglich dem Oberägyptischen Stamme zugehörte, die vergröfserte aber dem Unterägyptischen, oder auch umgekehrt, so konnten dann beide lange Zeit unabhängig neben einander gebraucht worden sein. Sollten sie aber auf die Länge neben einander bestehen, so mufsten sie sich einerseits in ein einfaches Verhältnifs zu einander setzen, wie wir das von 6 : 7 finden, andrerseits aber sich in ihrer Anwendung auf verschiedene Gebiete beschränken. So kam es vielleicht, dafs die grofse Elle, deren Mafsstäbe natürlich auch ohne gleichzeitige Bezeichnung der kleinen vorhanden waren, vorzugsweise die des Architekten war und zu allen gröfseren Messungen diente, wo die Elle multiplicirt wurde und es auf eine subtilere oder gar noch kleinere Eintheilung als in Fingerbreiten nicht ankam, die kleine Elle aber für feinere Handwerke oder für bestimmte Gegenstände und Waaren, festgehalten wurde, für die es mehr auf eine schärfere Messung ankam. Sicher wenigstens wird es immer bleiben, dafs die Verschiedenheit beider Ellen irgend einen historischen oder praktischen Grund haben mufste, und ebenso sicher, dafs die grofse Elle, wenn sie je unabhängig von der kleinen bestand, um so weniger eine so unpraktische Eintheilung gehabt haben konnte, wie die in 7 Palmen oder 28 Finger.

Und dennoch scheint für diese Eintheilung der Nilmesser von Elephantine zu sprechen. Hier finden wir grofse Ellen von 0,525 ([1]) angezeichnet und eine Eintheilung jeder Elle in 14 Unterabtheilungen, das heifst in 14 halbe oder 7 ganze Palmen.

Nun ist es in der That nicht zu verkennen, dafs das Verhältnifs der kleinen Elle zur grofsen wie 6 : 7, mag es nun gleich ursprünglich dasselbe

---

([1]) Girard fand einen Durchschnitt — denn auch hier sind die Theilungsstriche ungenau aufgetragen — von 0,527, Wilkinson (Manners & Customs vol. IV, p. 30) von 20.6250 Engl. Zoll = 0,524.

gewesen oder erst nachträglich dahin vereinfacht worden sein, zu jeder Zeit sehr leicht dahin führen konnte, die grofse Elle als aus 7 kleinen Palmen bestehend anzusehen und auch so zu behandeln überall wo beide Ellen im Gebrauche vermittelt werden sollten. Es wäre daher nicht zu verwundern, wenn wir auch schon in früherer Zeit Spuren einer Eintheilung der grofsen Elle in 28 Finger fänden, ohne dafs darum die ursprüngliche und natürliche Eintheilung der grofsen Elle in 24 Finger zweifelhafter würde. Es ist sogar wirklich im Brittischen Museum eine Doppel-Elle, die bereits oben erwähnt worden ist, vorhanden, die im Mauerwerk des Tempels von Karnak gefunden sein soll, und welche in 14, also zweimal 7 Palmen von ungefähr gleicher Länge getheilt ist. Doch schreibt mir S. Birch auf eine Nachfrage meinerseits über diese Elle: „*About the authenticity of this cubit I have grave doubts as the cuts or marks of divisions seem to me to have been made after the wood had become decomposed by age.*" Diese Äufserung eines so erfahrenen und durchaus sachkundigen Beobachters scheint hinreichend, um diese Elle, rücksichtlich ihrer Eintheilung zu den übrigen untergeschobenen Mafsstäben zu stellen und nicht weiter in Betracht zu ziehen. Der Stab ist ohne Zweifel alt, und mochte wohl ein Aufseherstock gewesen sein, der dann von moderner Hand seine jetzige Länge von 2 Ellen und seine Eintheilung in zweimal 7 Palmen erhielt.

Was aber den Nilmesser von Elephantine betrifft, so erklärt sich die Eintheilung in 7 Palmen meines Erachtens in andrer Weise. Es läfst sich nachweisen, wie ich dies in einer besondern Untersuchung ausführen werde, dafs in älteren Zeiten alle Nilmesser nicht in grofse Ellen zu 0,525, sondern in kleine zu 0,450, folglich auch in kleine Palmen und kleine Finger, eingetheilt waren. Es war dies einer von den oben angedeuteten Fällen, in welchen es mehr auf eine genauere Eintheilung im Kleinen als auf Multiplikate von Ellen ankam. Als nun in Griechischer Zeit der Nilmesser von Elephantine eingerichtet wurde, ging man, wie es scheint, durchgängig zum alleinigen Gebrauch der grofsen Elle über; wir finden nirgends mehr eine Spur der kleinen Elle, die auch bei den späteren Griechischen Metrikern überhaupt gar nicht erwähnt wird. Da lag es nun nahe, dafs man den uralten Gebrauch der kleinen Elle bei den Nilmessern des Landes soweit mit der neuen Mafsübung vermitteln wollte, dafs man wenigstens innerhalb der grofsen Ellen die hergebrachten kleinen Palmen beibehielt, wodurch für jedermann die Reduktion der kleinen auf die grofsen Ellen sehr leicht wurde. Man verfolgte das Steigen der Fluth wie bisher nach kleinen Palmen, rechnete aber nun deren 7 statt 6 auf die Elle. Nur unter solchen Verhältnissen konnte es einen Vortheil haben, die an sich unnatürliche Theilung der Elle in 7 Palmen zu gebrauchen. Es war eine Übergangsstufe von den kleinen zu den grofsen Ellen. In späteren Zeiten behielt man bei den Nilmessern die grofsen Ellen bei, gab aber auch die kleinen Palmen auf und verwandelte sie in 6 der Elle entsprechende grofse Palmen.

Wenn sich in dieser Weise der Nilmesser von Elephantine als eine erst in Griechischer Zeit begreifliche Ausnahme erklärt, so scheint mir kein Anhalt mehr übrig zu bleiben für die Meinung, dafs die alten Aegypter eine Elleneintheilung von 7 Palmen oder 28 Fingern gehabt haben sollten. Unser Ergebnifs ist vielmehr, dafs sie zwei verschiedene Ellen hatten, aber beide in 6 Palmen oder 24 Finger getheilt, und beide auf den alten Originalmafsstäben nach ihrer ganzen Länge und in ihren einzelnen Theilen dargestellt.

Ich schliefse mit einer Bemerkung über die Durchschnitte der erhaltenen Mafsstäbe. Auch diese sind überall wesentlich dieselben und die Vermuthung liegt nahe, dafs auch dafür ursprünglich bestimmte für das Ellenmafs selbst nicht bedeutungslose Dimensionen aufgestellt waren. Allerdings gewährt jetzt keiner der gemessenen Durchschnitte in allen Theilen ein genaues einfaches Verhältnifs zu einer der beiden Ellen, das ist auch hier bei der allgemeinen Ungenauigkeit der Anfertigung nicht zu erwarten. Doch weisen die mittleren Verhältnisse im Ganzen auf den grofsen und kleinen Daktylos hin. Es kommen hier für jetzt nur die vier ersten Mafsstäbe in Betracht, von denen Jomard die Durchschnitte besonders gemessen hat; nur die der schiefen Vorderflächen hat er nicht besonders angegeben; diese ergeben sich aber aus den andern Seiten. Folgende Werthe können hier zur Vergleichung gezogen werden:

2 kleine Finger	0,0375
1 grofser Finger	0,0219
1 kleiner Finger	0,0188
$\frac{1}{2}$ grofser Finger	0,0109

Nun finden sich für die Basis der 4 Mafsstäbe die Werthe

1. 0,0395
2. 0,0355
3. 0,0405
4. 0,0390

0,1545, giebt einen Mittelwerth von 0,0386.

Dieser führt auf 2 kleine Finger, deren Mafs 0,0375 sehr nahe kommt.

Die Hinterseite stimmt in zwei Exemplaren ganz genau mit dem Mafse eines grofsen Fingers 0,0219, indem no. 1 dafür 0,021, und no. 4 gleichfalls 0,021 giebt. Die beiden andern weichen nach oben und nach unten ab, so dafs der Durchschnitt aller vier Mafse doch wieder einem grofsen Finger sehr nahe kommt, nämlich

1. 0,021
2. 0,024
3. 0,017
4. 0,021

0,083 Mittelwerth der einzelnen 0,0207 statt 0,0219.

In der schmalen Vorderseite stimmen no. 1 und 3 fast vollkommen mit ½ grofsen Finger, nämlich 0,010 und 0,011 statt 0,0109. Die beiden andern sind ein wenig gröfser, nämlich

1. 0,010
2. 0,013
3. 0,011
4. 0,015

0,049. Mittelwerth 0,0122 statt 0,0109.

Am meisten weichen die Oberseiten von einander ab. Drei von ihnen sind noch gröfser als 1 grofser Finger, dem no. 2 sehr nahe kommt 0,0215 statt 0,0219. Nur no. 4 ist kleiner als ein grofser Finger und steht dem kleinen Finger fast eben so nahe. No. 1 (0,027) und no. 3 (0,0285) sind entschieden zu lang. Wenn wir nun die Oberseite zu 1 grofsen Finger annehmen, wie die Hinterseite, so wird die schiefe Seite etwas länger als ein kleiner Finger; nehmen wir aber für die Oberseite einen kleinen Finger als ursprüngliches Maſs an, so erhalten wir die Oberseite (1 kleiner Finger) als Hälfte der Unterseite (2 kleine Finger), und die Vorderseite ($\frac{1}{2}$ groſser Finger) als Hälfte der Hinterseite (1 groſser Finger), und auſserdem findet sich, daſs dann auch die schiefe Seite ein genaues Fingermaſs hat, nämlich das eines groſsen Fingers. Es scheint demnach, daſs dies die ursprünglich beabsichtigten Maſse waren.

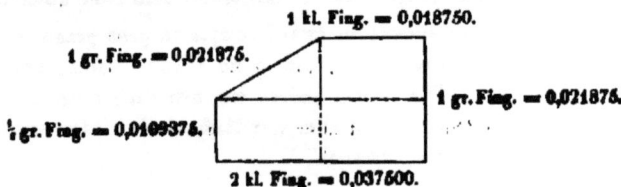

Nachtrag.

Es ist oben (p. 16) bemerkt worden, dafs mir die Zeichnungen der Ellen no. 6-9 Taf. III, c und IV, a. b. c erst nach dem Abschlufs und Vortrage der obigen Abhandlung zugegangen sind. Da diese nicht weiter durch das neue Material berührt wird, so habe ich mir vorbehalten, einige Bemerkungen über dasselbe hier abgesondert nachzutragen.

Die Elle no. 6 (Taf. III, c) sollte sich nach Saigey[1] in Preufsen befinden. Jomard[2] hatte gesagt, dafs sie nach Italien gesendet worden sei, und in der *Biblioteca Italiana*[3] wird angegeben, dafs sie sich in Florenz befinde. Prof. Migliarini hat mir dagegen auf nochmalige Anfrage bestätigt, dafs sie nicht in Florenz sei und fügt hinzu, dafs sie niemals daselbst gewesen sei. Sie ist also erst wieder aufzufinden. Die Zeichnung davon, die sich in London befindet, ist nicht eben genau; dazu kommt, dafs die Vorder- und Oberansicht wunderlicher Weise perspektivisch gegeben ist, wodurch sogar Ungewifsheit über die wahre Breite der einzelnen Seiten entsteht. Es bleibt daher nichts übrig, als die jetzt allein zugängliche Kopie in ihrer Unvollkommenheit wiederzugeben, wie dies auf unserer Tafel geschehen ist. Es kommt übrigens auf eine genaue Darstellung hierbei weniger an, da das Original selbst ohne Zweifel die Ur-Elle noch weit ungenauer wiedergab. Einen Grund an der Ächtheit zu zweifeln sehe ich nicht; es ist aber in der That das oberflächlichste von allen bekannten Abbildern. Am besten stimmt noch die Gesammtlänge, die, wie angegeben, c. 0,526

[1] *Traité etc.* p. 15.
[2] *Lettre* p. 19.
[3] tom. LIII. 1829. p. 208: *Un quinto campione, appartenente al museo di Firenze, fu scoperto dal Sig. Anastasy, console di Svezia nell' Egitto: la sua lunghezza è di metri 0,5265, ed è pure diviso come i precedenti in 7 palmi ed in 28 diti.* Der Verfasser des Artikels ist nicht genannt; die genaue Längenangabe scheint aber zu zeigen, dafs er sie selbst in Florenz gemessen hat.

beträgt. Auch ist die Reihe der Theilbezeichnungen(¹) vollständig vorhanden, aber gänzlich verschoben, wie auch die Eintheilung selbst irgend eine Richtigkeit gar nicht zu beanspruchen scheint, sondern nur den allgemeinen Eindruck einer Ellenbezeichnung wiedergeben soll. Zu beachten ist höchstens, dafs die Daktylen von rechts her klein, ungefähr in dem richtigen Mafse, doch öfters noch darunter, angegeben sind, die Daktylen von links her aber, wo wir die Daktylen der grofsen Elle zu erwarten haben, noch weit gröfser als die richtigen grofsen Daktylen aufgetragen sind, so wie dafs der dritte Palm von links her bei weitem der kleinste ist. Da nicht nur die 4, sondern die 8 ersten Finger von links her ungefähr gleich grofs über Mafs dargestellt sind, so könnte man hier auf den Gedanken kommen, der oben nicht erwogen worden ist, dafs auf der Ur-Elle, oder doch auf einzelnen richtigen Exemplaren, nicht ein, sondern zwei Palmen der grofsen Elle dargestellt und in Finger abgetheilt gewesen seien; das würde dann einen so kleinen dritten Palm von links gezählt bedingt haben, wie er auf dieser Elle erscheint. Freilich würde dann auch eine andre Bezeichnung des zweiten Palm von links vorausgesetzt werden müssen, als sie auf der zuverlässigsten alten Elle von Drovetti vorhanden ist. Auf der Oberseite ist der Anfang des dritten Palm von rechts nicht durch eine Linie angegeben, was vielleicht nur eine Nachlässigkeit der Kopie ist. Die Palmabtheilungen konnten am wenigsten fehlen. Dagegen stimmt es mit dem oben (p. 24) besprochenen Fragment der Elle no. 5 überein, dafs die Mitte der grofsen Elle, welche in den vierten kleinen Palm fällt, nicht bezeichnet ist. Die Linie würde dann hier zwischen die beiden Zeichen ⊥ und ⊷ gefallen sein, welche nicht getrennt werden durften. Im 5. und 9. Finger von rechts fehlt auf der schiefen Fläche das Zeichen ⟨⟩, vielleicht nur in der Kopie, und von den Bruchlinien der ersten vier Finger an der Vorderseite sind zwei weggelassen. Nach den hieroglyphischen Inschriften auf der Hinterseite und der Unterseite gehörte die Elle einem Priester des *Ptah*, ohne Zweifel zu Memphis, Namens *Ptah-hotep*.

(¹) Statt der 4fingrigen Hand ist nur ein starker Strich mit einer Erhöhung in der Mitte angegeben, also fast das gebräuchliche Palmzeichen, während die 5fingrige Hand über demselben Strich den Daum noch besonders deutlich hervorhebt. Ich bemerke hier nachträglich, dafs auf der zweiten Elle Drovetti, der des *Maïa*, irrthümlich statt der 4fingrigen überall die 5fingrige Hand dargestellt ist, wiederum nur aus Gedankenlosigkeit des Arbeiters.

Die beiden Ellen no. 7 und 8 befinden sich in dem Museum von
Turin, gehörten aber nicht zu der Sammlung Drovetti, sondern wurden,
nach einer Mittheilung des Herrn Direktor Orcurti, erst später aus dem
Nachlasse eines Turiner Antiquitätenhändlers Sosia erworben. Sie gehören, obgleich aus verschiedenem Material gearbeitet, offenbar zusammen,
wie die Inschriften erweisen. Die steinerne Elle trägt auf der Unterseite
zwei Inschriften, eine hinter der andern, aber durch besondere Einfassungen
getrennt. Die erste nennt einen mit verschiedenen Funktionen betrauten
ersten Priester des *Amon*, der unter andern auch
„Schreiber des heiligen Buches des *Amon*" war und *Osoroeris* (*Hesiriuer*)
hiefs. Seine Mutter war eine Priesterin (*ahi-t*), deren Name aber nicht
zugefügt wird. Die zweite Inschrift nennt eine Priesterin (*ahi-t*) des
Amon-Ra, vielleicht die Mutter des *Osoroeris*, Namens
Thut-Χunsu (¹), die Tochter eines Priesters des *Amon-Ra-suten-nuteru*,
dessen Name gleichfalls nicht genannt ist. Die Bronze-Elle wiederholt diese
beiden Inschriften, jedoch ohne Trennung, und schickt ihnen noch einen
dritten Theil voraus, der einen Anruf an den Sonnengott enthält (²), ohne
dafs dieser jedoch genannt würde. Dieses Verhältnifs der beiden Inschriften
nun, so wie andere kleine Umstände, machen die Beurtheilung der beiden
Ellen schwierig. Es ist nicht zu leugnen, dafs der allgemeine Charakter der
Zeichnung auf der Bronze-Elle diesem Material ebenso angemessen ist, wie
der sehr verschiedene der Stein-Elle dem harten Steinmaterial; auch wird
mir ausdrücklich versichert, dafs die Patina der Bronze-Elle den Eindruck
der Ächtheit mache. Andrerseits ist die Zeichnung einzelner Hieroglyphen
völlig stillos und mifsverstanden, wie es selbst in der späten Römischen Zeit
nicht leicht vorkommt; unsere sehr genaue Darstellung des Originals wird dies
jedem Sachverständigen zeigen; man vergleiche namentlich die mensch-
lichen Figuren. Sehr auffallend ist ferner der Umstand, dafs das zufällige
Verlaufen des Schwanzes der Schlange in die Basis des darauf folgenden

---

(¹) Der Kynokephalus wechselt mit verschiedenen Zeichen und Gruppen und scheint
mehrere Aussprachen gehabt zu haben; er wechselt auch mit , Thoth, dessen alte phonetische Schreibung *Thut* war. Thoth und Chons werden oft verbunden; doch pflegt dann
allerdings Chons voran zu stehen: *Χunsu-Thut*. Der Zweifel über die Aussprache von
 bleibt also noch bestehen.

(²) Todtb. c. 15, 8.

Thrones ∬ sich nicht nur auf der Stein-Elle, sondern auch ebenso auf der Bronze-Elle wiederfindet, was auf eine entschiedene kenntnifslose Kopie der einen Elle von der andern hinzuweisen scheint. Dem steht aber wieder entgegen, dafs in derselben Gruppe des Osiris, die hier folgt, das Auge auf der Stein-Elle richtig, auf der Bronze-Elle aber deutlich als ein Fisch, wie er ächt ägyptisch dargestellt wird, erscheint, ein plumper Fehler, der sich aber bei einem gedankenlosen alten Kopisten leichter erklären läfst als bei einem modernen. In derselben Weise nachlässig ist in der letzten Gruppe der Bronze-Elle eine Schlange geschrieben statt des Krokodils auf der Stein-Elle. Wollte man aber aus diesen und einigen andern Fehlern etwa schliefsen, dafs die Inschriften beider Ellen von einer dritten Inschrift kopirt wären, so würde man wieder zwei verschiedene Kopisten für diese offenbar zusammengehörigen Ellen voraussetzen müssen, was wiederum durchaus unwahrscheinlich wäre. Unter diesen Umständen wage ich nicht eine ganz bestimmte Meinung auszusprechen, was bei einer genauen Untersuchung der Originale vielleicht eher möglich wäre. Die Stein-Elle bin ich sehr geneigt in allen Theilen für ächt zu halten, auch schon der schwierigen technischen Arbeit wegen, die der harte Stein nöthig machte. Völlig unzweifelhaft aber ist es mir, dafs wenigstens der Ellenstab selbst alt ist nebst seiner Eintheilung auf den drei Hauptseiten, obgleich diese von allen andern Ellen abweicht.

Die Oberseite nämlich, welche gegen Gewohnheit nach vorn hin etwas abfällt, wie auch unsre Zeichnung wiedergiebt, ist durch drei Striche in vier gleiche Theile getheilt, so jedoch, dafs der erste Strich von rechts ein wenig zu weit rechts gerückt ist, die Striche auch sonst nicht ganz gerade gezogen sind. Die schiefe Vorderseite ist durch zwei Striche in drei gleiche Theile getheilt, und die senkrechte Vorderseite in vierundzwanzig Finger, das heifst, wir haben hier zum erstenmale den Mafsstab einer grofsen Elle vor uns, die in Viertel-Ellen zu je $1\frac{1}{2}$ Palm, in Drittel-Ellen zu je 2 Palm, und in 24 Finger getheilt ist, eine Eintheilung, die von der kleinen Elle ganz absieht und wie wir sie als einst vorhanden gewesen voraussetzen mufsten. Einzelne Palmen sind nicht abgetheilt, sondern, wie am Nilmesser von Elephantine, sind je zwei Palmen zu einer δὶχάς oder einem halben Fufse zusammengefafst. Dies scheint sehr deutlich auf die bevorzugte Einheit des Fufses, der sich gleichfalls von beiden Seiten her abgetheilt fand, und somit auf die Ptolemäische oder Römische Zeit hinzudeuten, in welcher der Ptolemäische Fufs als Mafseinheit durchgeführt und die kleine Elle gänzlich verdrängt worden war. Die einzelnen Fingerabtheilungen sind wieder, wie auf allen diesen Mafsstäben, etwas ungenau aufgetragen, und die ganze Elle nach dem Gypsabgusse c. 0,527 lang, also etwas länger als das angenommene Mittelmafs von 0,525, und gleich dem Mafse, das Girard für den Nilometer fand. In Betreff der Bronze-Elle häufen sich, abgesehen von der Inschrift, die Abweichungen von den andern Mafsstäben noch weit mehr. Schon das Material wäre aus altägyptischer Zeit und in so wenig angegriffenem Zustande befremdlich, aus Römischer Zeit allerdings weniger. Dazu kommt die vierseitige Form der Elle, die sie allein mit der koptischen Elle theilt, statt der sonst durchgängigen fünfseitigen, die sich auch bei der oben betrachteten Stein-Elle findet. Endlich aber ist die Eintheilung eine sehr auffallende. Jede der drei unbeschriebenen Seiten hat eine andre. Wenn wir die mit der Inschrift versehene Seite als Unterseite ansehn, so ist diese und die Oberseite der Elle etwas breiter als die Vorder- und Hinterseite. Jene beiden sind c. 0,016 an dem linken Ende, 0,017 am rechten breit, die beiden andern c. 0,014. Von ihnen schliefst sich nur die Vorderseite der steinernen Elle insofern an, als sie auch die grofse ägyptische Elle in 24 Finger getheilt darstellt. Hier aber sind die 6 Palmen einzeln angezeigt vermittelst durchgezogener Striche, zwischen welchen die Daktylenstriche nur bis zur Hälfte der Seite von oben her reichen. Die Mitte der Elle ist durch zwei Linien hart nebeneinander hervorgehoben. Die einzelnen Daktylenstriche folgen sich in ziemlich genauen Intervallen, doch so, dafs die beiden mittelsten Daktylen um die Entfernung der beiden Mittellinien getrennt sind. Das Mafs der ganzen Elle, welches von Orcurti auf 0,523 angegeben wird, scheint nach den Gypsabgüssen wiederum an den verschiedenen Seiten nicht ganz gleich lang und in der Mitte eher 0,524 zu sein, ist aber immerhin bemerklich kleiner als die steinerne, was bei dem nahen Verhältnifs beider Wunder nimmt. Die Oberseite der Bronze-Elle hat die eigenthümliche Eintheilung in 12 Theile, welche also halben Palmen entsprechen würden; jeder dieser Theile ist aber nicht in 2 Finger, sondern in 6 Theile durch kleinere Zwischenlinien getheilt, von denen allerdings je 3 dem Mafse eines Fingers entsprechen würden. Das letzte Zwölftel links endlich zeigt jede der

6 Unterabtheilungen wieder in je 5 Theile durch noch kürzere Linien getheilt. Alle einzelnen Theile sind gut abgemessen, die ganze Elle sollte aber offenbar nicht so lang wie der Maſsstab sein, sondern kürzer, da der erste halbe Palm, von rechts gezählt, erst c. 1 Centimeter vom Ende des Maſsstabes beginnt. Dadurch beträgt die hier aufgetragene Elle nur c. 0,513. Eine solche Elle ist mir aus dem Alterthume nicht bekannt, und ebenso wenig eine Eintheilung in halbe, in 12tel und 60tel Palmen. Die Hinterseite endlich ist in 27 gleiche Theile und einen Überschuſs von 5 Millimeter getheilt. Das kann wohl nur so zu verstehen sein, daſs eine Elle von c. 0,532 in 28 Finger getheilt sein sollte, wie die alten Maſsstäbe der königlichen Elle in 28 kleine Finger getheilt werden konnten. Obgleich nun in der That der bronzene Maſsstab etwas kleiner als eine volle königliche Elle ist, so ist das Maſs von 0,532, wenn es genau gemeint ist, wieder zu groſs dafür, und eine andre Elle von diesem Maſse ist nicht bekannt. Auch hier läſst sich also bis jetzt nichts entscheiden.

Es folgt no. 9, die Koptische Elle (Taf. IV, c). Von ihr giebt die Londoner Zeichnung, die wir wiedergegeben haben, nur 3 Seiten; die vierte war also wohl ohne jede Zeichnung. Über die Koptische Inschrift ist schon oben gesprochen worden. Sie ist ohne allen Zweifel ächt und wegen ihrer Eintheilung und Länge sehr merkwürdig. Die letztere beträgt nämlich 0,539 ([1]), also fast genau so viel als die sogenannte „schwarze Elle" der Araber, welche wieder dieselbe ist, welche sich an der Säule des Nilmessers von Rodah befindet, denn diese beträgt durchschnittlich 0,541. Nach den Untersuchungen von Queipo([2]) stammt die jetzige Eintheilung der Nil-Elle des *Meqyās* aus dem Jahre 199 der Hedschra, d. i. 812 nach Chr., in welchem der Nilmesser von demselben Almamun wiederaufgebaut wurde, welchem nach allgemeinem Berichte der Arabischen Schriftsteller auch die Einführung der „schwarzen Elle" zugeschrieben wird. In diese Zeit frühestens dürfte daher auch unsre Elle gehören. Sie ist, wie jene, in 6 Palmen getheilt, von denen der erste, dritte und fünfte wieder in je 4 Finger getheilt ist. Die Eintheilung ist nicht sehr genau und mehrere Linien scheinen erst noch unrichtiger gezogen, dann verbessert worden zu

---

([1]) Es ist oben p. 16, letzte Zeile 0,5387 statt 0,5287 zu lesen.
([2]) *Syst. métr.* II, p. 89 ff.

sein. Sie ist, wie die vorher beschriebene bronzene Elle nur vierseitig
und ebenso wie bei jener sind zwei Seiten, die Koptisch beschriebene und
die Gegenseite breiter als die beiden andern, von denen eine die Eintheilung
enthält, nämlich c. 0,018 zu 0,012. Die breiten Seiten sind in der Mitte
durch eine Verzierung getheilt und auf der unbeschriebenen von ihnen ist
von rechts her noch ein einzelner Palm durch eine Linie abgeschieden. Da
die Elle von Holz ist und gegen das rechte Ende ein Loch hat, das ohne
Zweifel für einen Faden zum Aufhängen bestimmt war, so scheint diese Elle
die einzige zu sein, die für den wirklichen Gebrauch bestimmt war; auch
das macht sie besonders werthvoll. Es wäre wünschenswerth zu erfahren,
wo das Original jetzt aufbewahrt wird.

Nach einer gefälligen Notiz, die mir noch vor dem Abzuge dieses Bogens von Mr. A. Chabouillet, *conservateur du cabinet des médailles et
antiques de la bibliothèque impériale*, zugeht, hat sich das Fragment der
Elle no. 4 (s. oben p. 13) im *Cabinet des médailles* vorgefunden. Herr
Chabouillet hat auch die Güte gehabt mir die Papierabdrücke davon zu-
zusenden, die es erlaubt haben in einigen unwesentlichen Kleinigkeiten die
Publikation von Champollion-Figeac noch zu berichtigen.